Yvonne Wagner

MIT KITA-KINDERN DIE ERDE SCHÜTZEN

Praxisangebote für mehr Nachhaltigkeit in der Kita

Verlag an der Ruhr

Impressum

Titel
Mit Kita-Kindern die Erde schützen
Praxisangebote für mehr Nachhaltigkeit in der Kita

Autorin
Yvonne Wagner

Umschlagmotive
Baumstamm © Brian A Jackson – Shutterstock.com
Pappestruktur © srckomkrit – stock.adobe.com

Druck
AZ Druck und Datentechnik GmbH, Kempten, DE

Verlag an der Ruhr
Mülheim an der Ruhr
www.verlagruhr.de

Geeignet für Kinder von 3–6 Jahren

Urheberrechtlicher Hinweis:
Das Werk und seine Teile sind urheberrechtlich geschützt. Jede Verwendung in anderen als den gesetzlich zugelassenen Fällen bedarf der vorherigen schriftlichen Einwilligung des Verlages. Der Verlag untersagt ausdrücklich das Herstellen von digitalen Kopien, das digitale Speichern und Zurverfügungstellen dieser Materialien in Netzwerken (das gilt auch für Intranets von Schulen und sonstigen Bildungseinrichtungen), per E-Mail, Internet oder sonstigen elektronischen Medien außerhalb der gesetzlichen Grenzen. Keine gewerbliche Nutzung.

Bitte beachten Sie die Informationen unter www.schulbuchkopie.de.

Soweit in diesem Produkt Personen fotografisch abgebildet sind und ihnen von der Redaktion fiktive Namen, Berufe, Dialoge u. Ä. zugeordnet oder diese Personen in bestimmte Kontexte gesetzt werden, dienen diese Zuordnungen und Darstellungen ausschließlich der Veranschaulichung und dem besseren Verständnis des Inhalts.

© Verlag an der Ruhr 2020
ISBN 978-3-8346-4409-1

Inhaltsverzeichnis

Vorwort 5

KAPITEL 1

Klimawandel 7

Fragen und Wissen 8
    Was bedeutet Klimawandel? 8
    Wodurch wird der Klimawandel verursacht? 8
    Was bedeutet Energiewende? 10
    Was geht uns der Klimawandel an? 11
    Was können wir tun, um die Erde zu schützen? 11
    Wie können wir Kindern das Thema vermitteln? 12
    Warum ist es wichtig, Kinder sozial- und emotional zu stärken? 12

Ideen und Angebote 15
    Wetter und Klima verstehen 15
    Eine Wetterstation errichten 15
    Das Wetter anderswo kennenlernen 20
    Den Treibhauseffekt verstehen 23
    Energie begreifen 24

Die Eltern 28
    Die Eltern über das Projekt infomieren 28
    Opa fragen: Wie war das Wetter damals bei euch? 29

KAPITEL 2

Ökologisches Bewusstsein 31

Fragen und Wissen 32
    Warum müssen wir die Natur schützen? 32
    Welche Tier- und Pflanzenarten sind bedroht? 32
    Was bedeutet Umweltverschmutzung? 32
    Warum sind Wälder wichtig für das Klima? 33

Ideen und Angebote 34
    Das Ökosystem verstehen 34
    Naturschätze entdecken 35
    Den Wald erleben 36
    Insekten schützen 41
    Vögel kennenlernen 46
    Unterwasserwelt entdecken 49
    Steine erforschen 52
    In der Kita gärtnern 53
    Pflanzenwachstum mit Bohnen beobachten 64
    Lebensmittel kennenlernen 66

Die Eltern 71
    Gemeinsam auf Kräuterwanderung gehen 71
    Eine Landkarte für regionale Bioläden gestalten 73

Inhaltsverzeichnis

KAPITEL 3

Nachhaltigkeit 75
Fragen und Wissen 76
- Warum ist Müll ein Problem? 76
- Warum ist Plastik ein Problem? 76
- Was ist ein ökologischer Fußabdruck? 76
- Wie können wir nachhaltig leben? 77

Ideen und Angebote 79
- Weniger kaufen 79
- Weniger wegwerfen 82
- Weniger verbrauchen 84

Die Eltern 85
- Gemeinsame Müllsammelaktion 85
- Gemeinsamer Kita-Markttag 87

KAPITEL 4

Nachhaltige Kita 89
Von der Theorie zur Praxis 90
- Ihre Haltung reflektieren 90
- Veränderungen achtsam umsetzen 90
- Nachhaltigkeit konzeptionell verankern 91

Praktische Tipps zur Umsetzung 92
- Ökologisch bewusst einkaufen 92
- Ökostrom verwenden 93
- Nachhaltig im Internet surfen 94
- Wasser sparen 94
- Heizenergie sparen 95
- Papier sparen 95
- Putzmittel reduzieren 96
- Gesundes Raumklima schaffen 99
- Kinder wickeln 99
- Nachhaltige Ernährung einführen 101
- Materialverbrauch im Büro reduzieren 102

Literatur 103
- Verwendete Literatur und Links 103
- Medien, Buch- und Linktipps 104

Vorwort

Das Unwort des Jahres 2019 lautete Klimahysterie. Und zwar deshalb, weil es den Umgang mit dem **Klimawandel** und seinen Folgen als übertrieben, wenn nicht sogar erfunden abtut. Doch der Klimawandel ist real. Wissenschaftler*innen weltweit bestätigen nicht nur, dass sich das **Klima** erschreckend schnell verändert, sondern auch, dass wir Menschen dafür verantwortlich sind. Unsere konsumorientierte Lebensweise sorgt für

- eine Vermüllung der Erde samt aller Weltmeere,
- stark erhöhte CO_2- und Stickstoffwerte, die den Treibhauseffekt verstärken,
- eine Zerstörung der Urwälder und anderer Lebensräume von Tieren und Pflanzen.

Lange Zeit konnte das **Ökosystem** der Erde unseren ausbeutenden Lebensstil auffangen. Doch jetzt kann es sich nicht mehr schnell genug erholen. Die Auswirkungen sind bereits global spürbar, z.B. durch extreme Wetterveränderungen, Ernteschäden, Hungersnöte oder Überschwemmungen.

Noch können wir etwas tun, um die Erde zu schützen. Wir können den Klimawandel zwar nicht mehr aufhalten, aber mithelfen, dass die Erde sich zumindest teilweise wieder erholt und sich das Ökosystem stabilisieren kann. So ermöglichen wir den nachfolgenden Generationen, auf der Erde zu leben.
Dafür müssen wir uns selbst mit dem Klimawandel, seinen Ursachen und Folgen auseinandersetzen und unseren Mitmenschen sowie den Kindern vorleben, wie ein bewusstes, nachhaltiges Leben funktionieren kann. Wenn wir die Kinder dazu motivieren möchten, sich mit ihrer Umwelt, der Natur und ihrem eigenen **Konsumverhalten** auseinanderzusetzen, brauchen wir Geduld, eine wertschätzende und aufmerksame Haltung und das Vertrauen, dass die jüngere Generation fähig ist, es besser zu machen.

Stoßen wir also erste Veränderungen in der Kita an, die von den Kindern dann auch in die Familien weitergetragen werden. Geben wir ihnen die Zuversicht und vor allem die Kompetenz, selbst aktiv zu werden, um den Planeten Erde mit all seinen Wundern für uns alle weiterhin als **Lebensraum** zu erhalten.

Wichtig sind dabei sachliche Informationen, Motivation und Freude am gemeinsamen Tun. Wenn unsere Kinder eine Chance haben sollen, es besser zu machen, müssen wir umdenken und handeln. Dafür müssen wir offen sein für Vorschläge, uns informieren und Neues ausprobieren. Die Kinder brauchen ein gesundes **Selbstwertgefühl**, um ihre Meinung jederzeit frei äußern zu können. Sie sollen wissen, dass sie gut genug sind, um für sich und andere einzustehen. Daher ist es so wichtig, ihnen dieses Verantwortungsbewusstsein zu vermitteln.

In diesem Buch finden Sie

- Antworten auf Fragen rund um das Thema **Klimawandel und Umweltschutz,** z.B. Was ist der Treibhauseffekt? Welche Tier- und Pflanzenarten sind bedroht und warum sind sie wichtig für unser Ökosystem? Was ist Nachhaltigkeit?
- **Ideen und praktische Angebote**, wie Sie Kindern das Thema kindgerecht, verständlich und spielerisch nahebringen, z.B. eine Wetterstation bauen, den Wald erleben, Steine erforschen oder die Unterwasserwelt entdecken.
- Tipps, wie Sie **nachhaltige Veränderungen** umsetzen, wie z.B. Insekten in der Kita schützen, Wasser sparen, Papier sparen, Spiele selbst machen anstatt welche zu kaufen.
- **Ideen,** wie Sie Nachhaltigkeit gemeinsam im Kita-Alltag leben und konzeptionell verankern.

Ziele des Buches

Der Klimawandel ist ein wichtiges gesellschaftliches Thema unserer Zeit. Wir alle sind davon betroffen. Durch die Auseinandersetzung mit diesem Thema

- fördern Sie ein Bewusstsein der Kinder dafür, soziale **Verantwortung** zu übernehmen.
- vermitteln Sie den Mädchen und Jungen das Gefühl, in der Lage zu sein, die **Gesellschaft** mitzugestalten.
- bestärken Sie sie darin, eine eigene **Meinung** dazu zu entwickeln, zu vertreten und danach zu leben.
- geben Sie ihnen das **Wissen** mit, wie ein nachhaltiges Leben möglich ist. So erfahren die Kinder Selbstwirksamkeit.

KAPITEL 1
KLIMAWANDEL

Klimawandel, Erderwärmung, Nachhaltigkeit – das sind Begriffe, die immer wieder in den Medien kursieren. Vielen von uns sind sie zwar geläufig, doch nicht alle wissen, was sie genau bedeuten. Das erste Kapitel dieses Buches widmet sich daher den häufigsten Fragen rund um das Thema Klimawandel.

Fragen und Wissen

Was bedeutet Klimawandel?

Das Klima auf der Erde verändert sich auf natürliche Weise stetig, in der Regel jedoch nicht in so kurzer Zeit und so extrem wie in den letzten 200 Jahren. Der Begriff „Klimawandel" steht für eine Veränderung sowohl der **Klimazonen** als auch der Zeiträume, in denen ein Klima vorherrscht. Die durchschnittliche Temperatur der Erdoberfläche und der Meere nimmt stetig zu. Die Folgen sind:

- Wetterphänomene verändern sich, z.B. gibt es stärkere Stürme und längere Dürreperioden.
- Das Schmelzen der Gletscher führt zum Anstieg des Meeresspiegels.
- Feuchte Regionen der Erde trocknen aus, andere werden überschwemmt.
- Orkane entstehen an für sie untypischen Orten und bringen warmes Wetter in kühle Regionen der Erde.
- Wasserströmungen treiben warmes Wasser an Orte, die bislang von Eis bedeckt waren.

Der Klimawandel beeinflusst das Leben auf der gesamten Erde für Menschen, Tiere und Pflanzen.

© Jacob_09 – Shutterstock.com

Klima

Klima heißt nicht Wetter. Während mit dem Wetter ein kurzfristiger Zustand gemeint ist, z.B. wenn die Sonne scheint oder ein Gewitter herrscht, was sich täglich ändert, ist mit Klima ein langfristiger Zustand gemeint. Auf der Erde gibt es verschiedene Klimazonen, die unter anderem entstanden sind, weil die Sonne nicht alle Orte der Welt gleichzeitig und gleich stark erwärmt. Da Nord- und Südpol am wenigsten von der Sonne beschienen werden, ist es dort auch immer kalt. In Deutschland herrscht ein gemäßigtes Klima und entlang des Äquators ist es am heißesten.

Wodurch wird der Klimawandel verursacht?

Vor rund 300.000 Jahren lebten die ersten Menschen unserer Art auf der Erde. Seither haben sich der Mensch und das Leben auf der Erde stark verändert. Das haben wir vielen nützlichen **Erfindungen,** wie z.B. dem Rad oder dem Auto, zu verdanken. Der technische Fortschritt hat uns das Leben in allen Bereichen erleichtert. Wir können schöne Dinge, wie Smartphones oder Kleider, produzieren, sind medizinisch gut versorgt und können an jeden Ort der Welt verreisen. Diese Art zu leben, beansprucht jedoch sehr viele Erdressourcen, mehr als nachwachsen kann, und bringt viel Müll hervor, mehr als die Natur abbauen kann. Das schadet unserer Erde und dem Klima.

In den 1980er-Jahren wurde erstmals ein Loch in der Ozonschicht entdeckt, dem später weitere gefolgt sind. Die **Ozonschicht** schützt uns normalerweise vor den UV-Strahlen der Sonne, die gesundheitsschädlich sind, wenn wir ihnen direkt ausgesetzt sind. Die Hauptursache für die Bildung von Ozonlöchern war der weitreichende Einsatz von Fluorchlorkohlenwasserstoffen, eher bekannt als FCKW. Diese wurden z.B. in Sprühdosen, Kühlschränken oder Reinigungsmitteln verwendet.

Fragen und Wissen

KAPITEL 1
Klimawandel

Der Einsatz von FCKW, der vermehrte Ausstoß von Kohlenstoffdioxid (CO_2), z. B. durch Autoabgase, und die Entstehung von Methangas, z. B. in der Viehwirtschaft, verstärken den **Treibhauseffekt** auf der Erde. Die Erde erwärmt sich und dies stellt die Hauptursache des Klimawandels dar. Spürbar ist er für uns z. B. durch folgende Auswirkungen:

- Pflanzen- und Tierarten sind vom Aussterben bedroht, weil sie sich nicht anpassen oder keinen neuen Lebensraum finden können.
- Küstenregionen und Inselstaaten sind aufgrund des Anstiegs des Meeresspiegels durch Überschwemmungen gefährdet.
- Die Häufigkeit von Dürreperioden und Waldbränden nimmt durch die Erderwärmung zu.
- Die Sterblichkeitsrate derjenigen steigt, die den klimatischen Veränderungen schutzlos ausgesetzt sind.
- Auch in Deutschland ist der Klimawandel spürbar. Wir erleben immer öfter extrem heiße und trockene Sommerperioden, die Dürre, Waldbrände oder Ernteausfälle zur Folge haben.

© Jenson – Shutterstock.com

Heute leben rund **sieben Milliarden Menschen** auf der Erde. Täglich nimmt die Zahl der Erdbevölkerung zu und mit ihr auch der Ressourcenverbrauch, was den Treibhauseffekt und somit den Klimawandel verstärkt.

Treibhauseffekt

Die Erdatmosphäre bildet eine Art Schutzhülle um den Planeten, die unter anderem dafür sorgt, dass die Wärme des Sonnenlichts nicht zurück ins Weltall gelangt und es somit auf der Erde warm ist. Dieser natürliche Treibhauseffekt wird durch den Menschen verstärkt, indem zu viele Treibhausgase, wie CO_2 oder Methan, in die Erdatmosphäre gelangen. Dadurch wird die Atmosphäre dicker und speichert mehr Wärme auf der Erde. Man kann sich das so vorstellen, als würde jemand in einem Gewächshaus jeden Tag Zigarren rauchen, wodurch die Glasscheiben mit einer gelbgrauen Schicht überzogen werden. Das Sonnenlicht dringt ein, kann aber nicht wieder hinaus. Im Gewächshaus wird es immer wärmer, so wie auf unserer Erde.

© Ziablik – Shutterstock.com

Fragen und Wissen

Was bedeutet Energiewende?

Auf der Erde gibt es verschiedene Energieformen. Sprechen wir aber von der **Energiewende,** ist vorwiegend Elektrizität gemeint, aber auch Wärme und Treibstoff. Heute kennen wir mehrere Methoden, um Energie zu erzeugen:

- durch Bewegung
- Kernspaltung
- Wind- und Wasserkraftanlagen
- Solarthermie
- Verbrennung fossiler Brennstoffe, wie Erdöl, Erdgas, Kohle oder Biomasse

Bisher haben wir den Energiebedarf in Deutschland größtenteils durch Kohle-, Gas- oder Atomkraftwerke gedeckt. Weil dabei viel **CO_2** freigesetzt wird oder gefährlicher radioaktiver Abfall entsteht und weil fossile Brennstoffe endlich sind, wird im Rahmen der Energiewende darüber diskutiert, auf erneuerbare Energien, wie Solar-, Wind- und Bioenergie sowie Wasserkraft und Erdwärme, umzusteigen. Im Jahr 2000 trat erstmals das deutsche Erneuerbare-Energien-Gesetz (EEG) in Kraft und 2011 fand dann der endgültige Beschluss zum Ausstieg aus der Atomkraft statt (vgl. Presse- und Informationsdienst der Bundesregierung).

Ganz unproblematisch ist die praktische Umsetzung der Energiewende jedoch nicht. Denn nicht in jeder Region Deutschlands ist ausreichend Sonnenenergie, Wind- oder Wasserkraft vorhanden (vgl. Jugendorganisation BUND Naturschutz). Sinnvoll wäre es, **erneuerbare Energiequellen** dort zu gewinnen, wo sie ausreichend vorhanden sind, z. B. Wind- und Wasserkraft im Norden und Sonnenenergie im Süden. Neue Kraftwerke und Stromleitungen zu errichten, ist jedoch sehr teuer und bringt wiederum einen Eingriff in die Natur mit sich. Pflanzen und Tiere verlieren ihren Lebensraum. Ökologischer und gesünder wäre es, die Ressourcen zu nutzen, die vor Ort möglich sind, und sie regional einzusetzen. Jede Gemeinde, jeder Kreis, jede Stadt und jedes Bundesland könnte eigenen Strom erzeugen und direkt an die Verbraucher weitergeben. In manchen Orten passiert dies bereits. Auch gibt es schon viele Privathaushalte, die ihre eigene Solarenergie beziehen. Jede*r Einzelne von uns kann etwas dazu beitragen, um Energie zu sparen.

CO_2

Kohlenstoffdioxid, auch als CO_2 bezeichnet, ist ein ungiftiges Gas und ein natürlicher Bestandteil unserer Luft. Wir Lebewesen atmen es aus. Pflanzen nutzen es, um mit Sonnenlicht Nährstoffe zu produzieren. Bei diesem Prozess, der auch „Fotosynthese" genannt wird, setzen sie Sauerstoff frei, den wir Menschen wiederum einatmen und zum Leben brauchen. In allen fossilen Rohstoffen und in Bäumen ist CO_2 gespeichert, das durch ihre Verbrennung freigesetzt wird. Wird jedoch zu viel davon freigesetzt, verstärkt dies den Treibhauseffekt. Die Erde erwärmt sich. Hauptverursacher für hohe CO_2-Werte ist unser Lebensstil, der einen hohen Bedarf an der Verbrennung fossiler Rohstoffe mit sich bringt, z. B. in den Bereichen Mobilität und Energiewirtschaft.

Methan (CH_4)

Methan ist ein natürliches und ungiftiges Gas. Es entsteht durch Gärung und Fäulnis und bildet sich u. a. in Sümpfen, Reisfeldern, Tümpeln sowie in den Mägen von Wiederkäuern, wie z. B. bei Kühen. Neben CO_2 gilt Methan als einer der Hauptverursacher für den Treibhauseffekt. Bei der Land-, Vieh- und Energiewirtschaft wird eine sehr hohe Menge an Methan freigesetzt. Methan ist auch in Permafrostböden gespeichert, die sich um die Polargebiete herum befinden. Durch die Erderwärmung taut der Permafrost, wodurch Methan freigesetzt wird. Auch im Meeresboden ist Methan gespeichert, das sich durch die Erwärmung des Wassers löst und aufsteigt.

KAPITEL 1
Klimawandel

Fragen und Wissen

Was geht uns der Klimawandel an?

Wir gefährden unsere eigene Lebensgrundlage, indem wir Wasser, Luft und Böden verschmutzen, weite Flächen an Wäldern roden und mitverantwortlich für das Aussterben von Tier- und Pflanzenarten sind. Um die Umwelt zu schützen, muss unser Lebensstil von allen Menschen und Ländern dieser Erde gemeinsam neu gedacht werden. Denn der Klimawandel ist ein globales Problem, das schädliche Auswirkungen auf unser aller Leben hat. Staaten können **gemeinsame Ziele** verfolgen, um die Umwelt zu schützen.

Und jede*r Einzelne kann etwas tun, um nachhaltig zu leben, z. B. indem wir Müll reduzieren, umweltschädigende Abfälle nicht in den Abfluss gießen oder wiederverwendbare Produkte statt Einwegprodukte nutzen. Umweltschutz geht uns alle etwas an!

© Igisheva Maria – Shutterstock.com

Was können wir tun, um die Erde zu schützen?

Wir Menschen sind Auslöser des Klimawandels. Deshalb müssen wir auch die **Verantwortung** übernehmen, die Erde zu schützen. Mit unserem Verhalten können wir Vorbilder für unsere Kinder sein. Es gibt viele Möglichkeiten für jede*n Einzelne*n von uns, nachhaltig zu leben:

- Das beginnt z. B. beim täglichen Toilettengang, der Dusche oder dem Zähneputzen. Hier gibt es viel Potenzial, um Wasser zu sparen.
- Statt Plastiktüten zu verwenden, können wir auf wiederverwendbare Stoff- und Gemüsebeutel umsteigen.
- In den Winterperioden können wir durch richtiges Lüften Energie sparen.
- Statt Dinge neu zu kaufen, können wir darüber nachdenken, ob wir sie auch wirklich brauchen, oder wir könnten Altes reparieren lassen, bevor wir es ersetzen.
- Wir könnten öfters mit dem Fahrrad fahren anstatt mit dem Auto.

Die Auswirkungen auf unser Leben während der **Coronapandemie** haben gezeigt, dass wir uns viel mehr einschränken können als gedacht. Und tatsächlich haben viele erkannt, dass es gar nicht so wichtig ist, ständig zu reisen oder neue Dinge zu kaufen. Stattdessen ist uns bewusst geworden, wie wichtig Freundschaften, Familie und die eigene Gesundheit sind, wie schön es ist, sich kreativ zu beschäftigen oder einfach nur den Moment und das entschleunigte Leben zu genießen. Während das öffentliche Leben heruntergefahren wurde, haben viele die Naturräume in der nahen Umgebung, in denen wir uns noch frei bewegen konnten, neu entdeckt. Leider gibt es davon nicht mehr so viele. Daher sind sie es wert, von uns geschützt und sorgsam behandelt zu werden.

Fragen und Wissen

Wie können wir Kindern das Thema vermitteln?

Zunächst ist es wichtig, dass wir verstehen, was mit unserer Erde passiert, und akzeptieren, dass wir selbst verantwortlich dafür sind. Im nächsten Schritt müssen wir lernen, unser Verhalten, insbesondere das **Konsum- und Reiseverhalten** zu ändern. Wir müssen nicht auf alles verzichten, können jedoch lernen, mit weniger auszukommen, oder Alternativen finden.

Erst dann können wir den Kindern ein Vorbild sein, sie informieren und ihnen vermitteln, wie wichtig es ist, die Erde zu schützen. So können auch sie ein nachhaltiges Konsumverhalten entwickeln.

Gehen Sie bei sich selbst, dem Team und den Kindern in kleinen Schritten voran, um sich an das Thema Klimawandel heranzutasten. Seien Sie offen für Experimente und lassen Sie auch die Momente zu, in denen Sie lieber in Ihr altes Verhalten zurückfallen möchten. Zeigen Sie den Kindern mit vielen kleinen Beispielen und Angeboten ganz praktisch und nah an ihrem Alltag, wie sie nachhaltig leben können. Lassen Sie sie stets viel selbst erarbeiten und ausprobieren, damit sie begreifen und verinnerlichen, was sie erleben. Nehmen Sie ihre Ängste und Sorgen und auch ihre Ideen und Anregungen ernst. Gehen Sie auf ihre Gedanken ein und entwickeln Sie gemeinsam **Projekte,** um das Miteinander positiver für die Erde, die Gesellschaft und die Kinder zu gestalten. So lernen Sie gemeinsam, bewusster mit unserem Planeten umzugehen.

Warum ist es wichtig, Kinder sozial und emotional zu stärken?

Verantwortungsbewusstsein entsteht nicht von selbst. Es braucht eine **emotionale Sicherheit** als Nährboden. Kinder, die früh erfahren, dass sie angenommen und akzeptiert werden, so wie sie sind, entwickeln ein gesundes Selbstwertgefühl. Daraus kann sich wiederum eine Selbstsicherheit entwickeln, die dafür zuständig ist, sich etwas zuzutrauen und mutig für eigene Ideen, Gedanken und Meinungen einzustehen.

Auch **Selbstständigkeit** muss geübt werden und zwar von frühester Kindheit an. Wenn die Kleinsten bereits Verantwortung für ihr Handeln übernehmen dürfen, üben sie, welche Konsequenzen ihr Tun hat. Verantwortung für andere Menschen, Tiere, die Umwelt und auch Dinge zu übernehmen, ist dann ein weiterer Schritt. Wichtig sind auch hier engagierte positive Vorbilder, die selbst **verantwortungsbewusst** handeln. Wenn Eltern nicht nur an sich denken, sondern sich auch für andere und die Umwelt engagieren, können sie dieses Verantwortungsbewusstsein auch ihren Kindern vermitteln. Wichtig ist auch, den richtigen Umgang mit dem Einfluss durch Werbung und Medien zu erlernen. Dafür benötigen Kinder ebenfalls ein gesundes Selbstwertgefühl und das Wissen darüber, wo der Unterschied zwischen Bedürfnis und Wunsch liegt. Empfindungen sind nicht immer leicht auseinanderzuhalten. Schon kleine Kinder meinen, Dinge unbedingt zu brauchen, obwohl sie gut versorgt sind und damit zufrieden sein könnten. Um jedoch wirklich zufrieden zu sein, brauchen Kinder und auch Erwachsene eine gewisse innere Sicherheit, ein Selbstverständnis, das ihnen zeigt, wie sie mit Wenig glücklich sein können, weil sie sich selbst genug sind.

Und wie gelingt das alles?

Indem Erwachsene **positive Vorbilder** sind, die Kinder ernst nehmen, sie bestärken und ihnen etwas zutrauen. Lassen Sie Kinder ihren Alltag mitgestalten, hören und sehen Sie genau hin, um Impulse wahrzunehmen, und geben Sie ihnen Zeit und Raum zum Ausprobieren, Erleben und Lernen.

Für die Kinder ist es wichtig, selbst zu agieren. Sie wollen Eigenverantwortung übernehmen. Damit stärken sie ihr Selbstwertgefühl und entwickeln ihre **Ich-Stärke** (Ich kann etwas tun, ich muss etwas tun. Ich bin bedeutend.). Planen Sie viel Zeit für Gespräche, Gedankenaustausch und Philosophieren ein. Das nimmt Ängste, fördert das eigenständige Denken und zeigt Kindern, dass sie ernst genommen werden. Als Impuls dient meist eine Frage oder ein kleines Angebot. Mit der Zeit lernen die Kinder, selbst immer wieder Fragen zu stellen. Fragen sind die Grundlage zum Lernen und Forschen! Wenn Sie keine Antworten haben, gestehen Sie es ein und suchen Sie dann gemeinsam nach Lösungen und Antworten. Stellen Sie diese Sätze als Motto für das gemeinsame Tun auf:

„Ich bin Teil einer großen Gruppe, der Gesellschaft. Was ich tue, hat Auswirkungen auf die Erde und auch auf andere Menschen."

Fragen und Wissen

KAPITEL 1
Klimawandel

Greta Thunberg, geb. 2003 in Stockholm, setzt sich seit 2018 aktiv für die Umsetzung des Pariser Übereinkommens der UN-Klimakonferenz von 2015 ein, bei der sich die beteiligten Staaten das Ziel gesetzt haben, die Erderwärmung unter zwei Grad zu halten. Doch viele Staaten tun dafür immer noch viel zu wenig. Als junge Schülerin erfuhr Greta erstmals vom Klimawandel und war darüber sehr bestürzt. Sie verstand nicht, warum niemand etwas unternahm, obwohl bekannt ist, dass wir unseren Planeten mit unserer Lebensweise zerstören. Die Diagnose Asperger, eine Form von Autismus, half Greta und ihrer Familie, zu verstehen, warum sie so heftig reagierte und sich extrem mit der Thematik des Klimawandels auseinandersetzte. Nachdem sie einen Schreibwettbewerb mit einem Beitrag über Umweltpolitik gewonnen hatte, knüpfte sie allmählich Kontakte zu Personen, die sich ebenfalls für den Klimaschutz einsetzten. Greta beschloss, aktiv zu werden. Sie malte ein Schild und setzte sich an einem sehr heißen und trockenen Freitag im August 2018 erstmals vor das schwedische Parlamentsgebäude, um mit ihrem „Schulstreik für das Klima" auf dieses Thema aufmerksam zu machen.

Mit ihrer vehementen Konsequenz, diesen Streik jeden Freitag durchzuführen, erregte sie schnell viel Aufmerksamkeit. In Interviews wurde deutlich, wie differenziert sich die Schülerin ausdrücken kann und wie klar ihre Forderungen sind. Nach ein paar Monaten schlossen sich immer mehr Schüler*innen an, bis sie sich unter dem Hashtag #fridaysforfuture organisierten. Weltweit streiken jeden Freitag Millionen Schüler*innen, um auf die Klimakrise aufmerksam zu machen. Auch Eltern, Künstler*innen, Schriftsteller*innen und Wissenschaftler*innen standen auf, um Greta zu unterstützen. Inzwischen gibt es erste, wenn auch zaghafte Erfolge, wie z. B. Plastiktütenverbote oder die Herabsetzung der Mehrwertsteuer auf Bahntickets. Doch Greta und ein großes Forum an Wissenschaftler*innen sind sich einig, dass noch viel mehr passieren muss, damit Leben auf diesem Planeten für alle Menschen und Tiere möglich bleibt (vgl. Wikipedia).

Greta Thunberg bei einer Klimademonstration

Fragen und Wissen

© klauscook – Shutterstock.com

#fridaysforfuture

Mit dem Hashtag #fridaysforfuture bringen nicht nur junge Menschen weltweit ihr Anliegen zum Ausdruck, sich aktiv für den Klimawandel einzusetzen. Twitter, Instagram und andere soziale Netzwerke helfen ihnen, sich zu organisieren, sodass bereits viele Großdemonstrationen gleichzeitig stattfinden konnten. Der Name für den Hashtag entstand aus den freitäglichen Schulstreiks von Greta Thunberg, denen sich weltweit Schüler*innen anschlossen. Trotz Androhungen von Schulverweisen und anderen Strafen stellen sich jeden Freitag unzählige junge Menschen auf die Straße und verweigern den Schulunterricht, um zu zeigen, wie wichtig es ist, die Erderwärmung aufzuhalten und für eine gerechte Klimapolitik zu sorgen. Sie sind politisch organisiert, informiert und treten souverän und sachlich in der Öffentlichkeit auf.

Ideen und Angebote

Wetter und Klima verstehen

Bevor Sie Kindern den Begriff „Klimawandel" näherbringen, ist es wichtig, dass sie zunächst verstehen, was Klima und Wetter bedeuten. Beginnen Sie mit einer Gesprächsrunde:

Impulsfragen

- Was ist Wetter?
- Was ist Niederschlag?
- Wie ist das Wetter im Frühling, Sommer, Herbst, Winter?
- Welches Wetter magst du und warum?
- Was passiert, wenn immer nur die Sonne scheint?
- Was passiert, wenn der Boden austrocknet?
- Was passiert, wenn es oft sehr stark regnet?
- Was passiert, wenn häufig sehr starke Winde wehen?
- Was ist Klima und was ist Wetter?
- Sind Wetter und Klima überall auf der Welt gleich?
- Können wir das Wetter beeinflussen?

Um den Unterschied zwischen Wetter und Klima kennenzulernen und zu verstehen, beobachten die Kinder jeden Tag das Wetter. Je länger sie dies tun, desto mehr verstehen sie den Verlauf der Jahreszeiten und das entsprechende Wetter. Die Beobachtungen lassen sich gut in den Morgenkreis integrieren. z.B. kann immer ein Kind eine Woche lang zum Fenster gehen und berichten, welches Wetter gerade ist. Es beschreibt genau, was es sieht. Dokumentieren Sie das tägliche Wetter z.B. in einem Kalender oder auf einem Plakat. Legen Sie dafür mit den Kindern Symbole fest, die für ein bestimmtes Wetter stehen.

Eine Wetterstation errichten

Wenn die Kinder das Wetter noch genauer beobachten und erforschen möchten, bauen Sie gemeinsam eine Wetterstation. Dazu gehören:

- 1 Thermometer
- 1 Hygrometer
- 1 Barometer
- 1 Windmesser
- 1 Regenmesser

Zum Festhalten der Werte eignet sich ein Tischkalender mit Wochenübersicht und viel Platz für die täglichen Daten. Sie können alle notwendigen Messgeräte im Fachhandel oder auf dem Flohmarkt kaufen. Es ist aber auch möglich, einige davon selbst zu bauen und damit zumindest ungefähre Werte für einen Vergleich zu erhalten. Besonders toll ist es für die kleinen Forscher*innen, wenn es professionelle und selbst gebaute Geräte gibt, dann können die Kinder auch hier vergleichen, wie unterschiedlich gemessen wird.

> **TIPP**
>
> Gestalten Sie eine Wetterkarte, die Sie auf einer magnetischen Pinnwand, z.B. aus einem alten Backblech, befestigen. So können die Kinder Wettersymbole als Magnete basteln und täglich anbringen.

Ideen und Angebote

Thermometer zum Messen der Temperatur

Mithilfe einer Kunststoffflasche, die mit gefärbtem Wasser gefüllt wird, und eines Strohhalms können Sie ein Thermometer selbst bauen. Im Internet gibt es dazu viele einfache Anleitungen. Da dieses jedoch nur zwischen kalt und warm unterscheiden kann, empfehle ich Ihnen, ein Thermometer zu kaufen oder sich von den Eltern eines mitbringen zu lassen. Ungeachtet dessen können die Kinder auch immer fühlen, wie warm oder kalt es ist. Das ist dann die „gefühlte Temperatur".

Hygrometer zum Messen der Luftfeuchtigkeit

Beobachtungen in der Natur und Umgebung reichen eigentlich schon aus, um festzustellen, ob die Luft feucht oder trocken ist. Morgens können die Kinder die Luftfeuchtigkeit am Morgentau auf den Pflanzen erkennen und das nasse Gras spüren. Die Wiesen duften viel intensiver als bei trockener Luft, weil sich die Blüten öffnen. Ist die Luft trocken, wie z. B. im Winter bei Schnee, können wir hören, wie der trockene Pulverschnee knirscht. Bei hoher Luftfeuchtigkeit quellen alle Gehölze auf, auch Tannenzapfen. Bei trockener Luft ziehen sie sich zusammen. Ein einfaches Hygrometer können die Kinder aus Kiefernzapfen bauen:

Material

- ✔ Kiefernzapfen
- ✔ 1 Schnur

So geht's

Die Kinder binden an den Boden des Kiefernzapfens eine Schnur und hängen ihn mit der Spitze nach unten draußen auf. Suchen Sie sich dafür einen geschützten Platz, an dem es weder regnet noch die Sonne direkt darauf scheint. Sehen Sie sich gemeinsam an, wie die einzelnen Blätter des Zapfens aussehen und wie eng sie beieinanderstehen. Wiederholen Sie Ihre Beobachtung am nächsten Tag. Hat sich etwas verändert?

© Protasov AN – Shutterstock.com

Ist die Luft feuchter geworden, liegen die Blätter des Zapfens fest aneinander und hängen herab, weil sie sich durch die Feuchtigkeit ausdehnen. Je trockener die Luft ist, desto mehr gehen sie auseinander und in die Höhe, weil sie sich beim Austrocknen zusammenziehen.

Die Zapfen möchten ihre Samen bei trockenem Wetter freilassen, weil sie da am besten vom Wind weggetragen werden. Bei Regen würden sie nur nach unten fallen. Daher halten die Zapfen die Samen bei feuchtem Wetter fest, indem sie die einzelnen Blätter zusammenschließen.

Ideen und Angebote

**KAPITEL 1
Klimawandel**

Barometer zum Messen des Luftdrucks

Ein hoher Luftdruck zeigt an, dass warmes Wetter herrscht. Ein niedriger Luftdruck zeigt an, dass das Wetter umschlägt, insbesondere dann, wenn sich starker Regen ankündigt. Basteln Sie mit den Kindern ein eigenes Barometer, um den Luftdruck zu messen.

Material

- 1 runder Luftballon
- 1 Schraubglas, ca. 250 ml
- 1 Gummiring
- festes Garn
- 1 Holzspieß
- 1 Klebeband oder Klebefilm
- 1 Pappe (10 cm x 10 cm)
- 1 Schere
- 1 Kugelschreiber
- 1 Barometer

So geht's

Schritt 1: Luftballon befestigen
Markieren Sie Schnittlinien auf dem Luftballon, sodass ein möglichst großes, rundes Stück entsteht. Ein Kind schneidet das Stück aus.
Zu zweit spannen die Kinder die Luftballonhaut über die Öffnung des Schraubglases und befestigen sie mit dem Gummiring. Weil der Gummiring nicht straff genug spannt, binden Sie etwas Garn darüber, um die Ballonhaut ganz luftdicht zu befestigen.

Schritt 2: Holzspieß ankleben
Kürzen Sie den Holzspieß, sodass er etwa eineinhalbmal so lang ist wie der Durchmesser der Glasöffnung. Das stumpfe Ende befestigen Sie oder ein Kind mit Klebeband genau auf der Mitte der Luftballonhaut. Die Spitze ragt mehrere Zentimeter über den Rand des Glases hinaus. Fixieren Sie den Spieß am äußeren Rand der Luftballonhaut ebenfalls mit etwas Klebeband.

Schritt 3: Mess-Skala anbringen
Zeichnen Sie auf die Pappe einen Winkel, der wie ein L aussieht und etwa 2 cm breit ist. Der erste Schenkel sollte ca. 10 cm lang sein, der andere ca. 5 cm. Bitten Sie ein Kind, ihn auszuschneiden.

Auf dem einen Schenkel des Winkels zeichnen Sie eine Millimeter-Skala ein. Kennzeichnen Sie diese alle 5 mm mit einem Strich. In der Mitte der Skala zeichnen Sie eine waagerechte Linie. Von dieser Höhe ausgehend, zeichnen Sie einen roten Pfeil nach oben ein, der für „warm" steht, und einen blauen Pfeil nach unten, der für „kalt" steht. Den anderen Schenkel schneiden Sie an der kurzen Breitseite in der Mitte ca. 2 cm ein. Biegen Sie die beiden entstandenen Laschen jeweils nach außen.

Schritt 4: Barometer eichen
Für den letzten Schritt sollte ein möglichst mittlerer Luftdruck von ca. 1010 hPa herrschen, dann ist das Barometer sozusagen geeicht. Lesen Sie diesen an einem Barometer ab. Kleben Sie den Winkel mit den beiden Laschen fest an das Glas, sodass der Spieß auf den Mittelstrich der Skala zeigt.

Schritt 5: Luftdruck messen
Steigt nun der Luftdruck, wird die Ballonhaut in das Glas gedrückt. Dann hebt sich die Spitze des Holzspießes und zeigt auf der Skala nach oben. Sinkt der Luftdruck, drückt die Luft aus dem Glas die Ballonhaut nach außen. Dann senkt sich die Spitze des Holzspießes auf der Skala nach unten.

© Katja Hillscher

Ideen und Angebote

Windmesser zum Messen der Windstärke

Um die Stärke des Windes und die Windrichtung zu messen, eignet sich am besten eine Windhose. Sie bläht sich auf, wenn Wind hineinbläst. Je stärker er bläst, desto waagerechter und praller ist die Windhose.

Material

- 1 Streifen dünne Pappe, 45 cm x 2 cm
- dünner Polyester-Stoff, 45 cm x 30 cm, z. B. alter Duschvorhang
- 1 Alleskleber
- ein paar Klammern
- 1 Schere
- 1 Bürotacker
- 1 Locher oder Lochzange
- 1 Stock, mindestens 1,50 m lang
- 1 dünner, fester Bindfaden

So geht's

Schritt 1: Stoff fixieren

Kleben Sie den Stoff an den Kartonstreifen. Fixieren Sie den Stoff mit den Klammern auf dem Karton, bis der Klebstoff getrocknet ist.

Formen Sie den Karton zu einem Kreis und schließen Sie die Enden sowie die lange Seite des Stoffes mit Klebstoff, sodass ein Schlauch entsteht. Auch hier helfen die Klammern zur Fixierung.

Falls der Klebstoff nicht hält, tackern Sie die Klebestellen. Als zusätzliche Deko können Sie Stoffreste verwenden, die schön im Wind flattern.

> **TIPP**
>
> Wenn Sie eine Nähmaschine zur Verfügung haben, nähen Sie den Stoff an den Pappstreifen und später der Länge nach zusammen. Länger haltbar ist die Windhose, wenn Sie den Stoff vorher an allen Kanten mit einem Zickzackstich versäubern.

© Michael Vi – Shutterstock.com

Ideen und Angebote

KAPITEL 1
Klimawandel

Schritt 2: Schnur anbringen

Befestigen Sie an drei Stellen des Pappringes nun eine dünne Schnur. Stechen Sie dafür mit der Schere jeweils ein kleines Loch in den Ring. Verwenden Sie alternativ einen Locher. Fädeln Sie jeweils eine etwa 30 cm lange Schnur hindurch und verknoten Sie die Enden am Pappring.
Die anderen Enden verknoten Sie miteinander. Schneiden Sie eine weitere Schnur mit etwa 30 cm Länge ab und verbinden Sie sie mit dem Knotenende der drei Schnüre.

Schritt 3: Im Garten aufstellen

Jetzt stellen Sie den Stock im Garten auf, am besten etwas erhöht und frei stehend, also weiter weg von Bäumen oder vom Haus, sodass der Wind uneingeschränkt hineinpusten kann. Drücken Sie den Stock fest in die Erde. Nehmen Sie einen Stein oder einen Hammer zu Hilfe. Damit das obere Ende dabei nicht kaputtgeht, legen Sie ein Stück Holz darauf. Knoten Sie die Schnur mit der Windhose an das obere Ende des Stockes. Sie muss sehr fest sitzen und darf sich nicht herumdrehen oder nach unten rutschen. Nun können die Kinder beobachten, ob sich der Beutel aufrichtet, wenn der Wind hineinpustet. Sie sehen dann auch, in welche Richtung der Beutel zeigt. Aus der entgegengesetzten Richtung kommt der Wind.

> **TIPP**
> Jetzt ist es sinnvoll, mit den Kindern auch die Himmelsrichtungen zu besprechen und einen Kompass bereitzustellen, um abzulesen, aus welcher Richtung der Wind kommt.

Regenmesser zum Messen der Regenmenge

Niederschläge sind alles, was sich auf den Boden niederschlägt, also fällt, legt oder heruntertropft. Dazu gehören neben Regen und Schnee auch Nebel und Dunst. Sprechen Sie mit den Kindern darüber. Sie können Niederschläge beobachten und dokumentieren, indem sie die Menge an Regen messen und die Höhe von Schnee. Dafür sammeln sie beides in einem Gefäß.

Material

- ✔ 1 großer Messzylinder
- ✔ 1 großer Trichter mit weiter Öffnung
- ✔ Klebeband

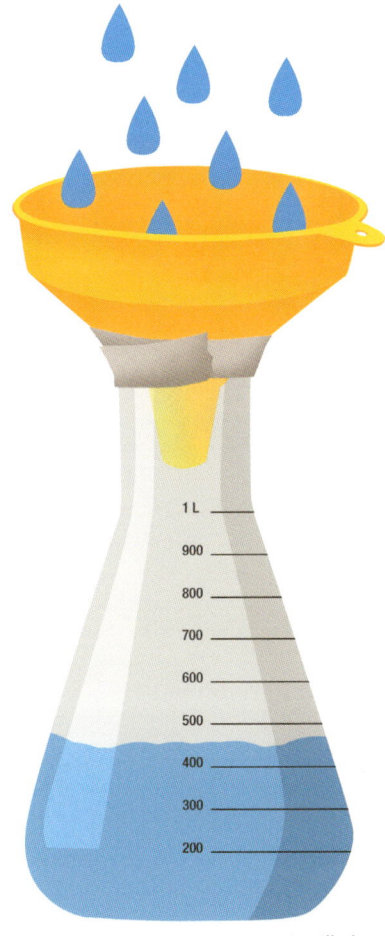

© Katja Hillscher

Ideen und Angebote

So geht's

Schritt 1: Regenmesser bauen
Für das Sammeln von Regen verwenden Sie ein Gefäß mit einer großen Öffnung, wie etwa einen Messzylinder mit einer Skala. Um die Öffnung zu erweitern, setzen Sie oben einen Trichter darauf, den Sie mit Klebeband fixieren.

Schritt 2: Regenmenge messen
Lesen Sie täglich mit den Kindern zusammen die Wassermenge ab und schreiben Sie sie auf, um später vergleichen zu können.

> **TIPP**
> Wenn Sie den Regen einfach in einer großen Wanne messen möchten, gelingt das nur bei größeren Mengen, da kleinere Mengen schnell wieder verdunsten oder gar nicht angezeigt werden. Die Fläche des Bodens ist dann zu groß.

Das Wetter anderswo kennenlernen

Ist das Wetter überall gleich? Diese Frage haben die Kinder vielleicht schon gestellt. Es gibt mehrere Möglichkeiten, das herauszufinden. Fragen Sie die Kinder, die aus anderen Ländern stammen und erst seit einiger Zeit in Deutschland sind, zunächst, wie das Klima bei ihnen ist. Sie sollen erzählen, wie das Wetter über längere Zeiträume ist, wie z. B.:

→ Gibt es vier Jahreszeiten, Schnee oder Hitze?
→ Ist es das ganze Jahr über warm?
→ Regnet es oft oder selten?
→ Wie ist die Luft, eher feuchtheiß oder trocken? Schwitzt man schnell oder nie?
→ Ist es fast immer dunkel oder auch nachts hell?

© Aqnus Febriyant – Shutterstock.com

© yuruphoto – Shutterstock.com

Ideen und Angebote

KAPITEL 1
Klimawandel

Weltwetter

Warum das Wetter nicht überall auf der Erde gleich ist, können Sie den Kindern mithilfe eines Globus anschaulich zeigen. Zum Wetter gehört insbesondere der Wind, je nachdem, wie stark er weht, wo genau und wie weit oben am Himmel, beeinflusst er das weitere Wetter, z.B. indem er Regenwolken weiterbläst, wenn er genau auf ihrer Höhe ist.

Material

- 1 Globus
- Klebezettel

So geht's

Kleben Sie einige Klebezettel an verschiedene Stellen des Globus, z.B. auf jeden Kontinent. Dabei soll jeweils etwas Papier nach oben schauen und beweglich sein. Nun pustet ein Kind z.B. direkt auf Europa.
Was passiert? Die „Fähnchen" in Europa bewegen sich, die in Australien und anderswo nicht. Wenn sich aber der Wind dreht, also das Kind seitlich auf Europa pustet, z.B. mit dem Gesicht nah an Asien und so von Osten Richtung Europa bläst, bewegen sich andere Fähnchen. Die Kinder sehen, wie Windströmungen funktionieren und das Wetter damit beeinflussen.

Tag und Nacht

Auch die Sonne scheint nicht überall gleichzeitig. So ist es Nacht, wenn auf der anderen Seite des Erdballs Tag ist. Weil sich die Erde etwas verschoben um die eigene Achse und um die Sonne dreht, was ca. ein Jahr dauert, werden die Regionen der Erde nicht überall gleichmäßig von der Sonne erwärmt. So entstehen die unterschiedlichen Jahreszeiten. Den Kindern können Sie dies ganz einfach mit einer Taschenlampe erklären:

Material

- Taschenlampe
- 1 Globus

So geht's

Bitten Sie die Kinder, den Globus mit einer Taschenlampe, die die Sonne darstellen soll, anzuleuchten. Wo scheint die Sonne überall hin und wo nicht?

© SquareMotion – Shutterstock.com

Welt-Wetterkarte

Damit sich die Kinder vorstellen können, wie das Wetter in anderen Regionen der Erde ist, erstellen Sie gemeinsam eine Welt-Wetterkarte.

Material

- 1 Computer oder Tablet
- Internetverbindung
- Weltkarte
- Klebstifte
- Stifte
- Scheren

So geht's

Schritt 1: Das Wetter in anderen Ländern beobachten
Schauen Sie gemeinsam mit den Kindern im Internet Übertragungen von Webcams, die weltweit aufgestellt werden. Dafür sehen Sie zunächst auf einer Weltkarte oder einem Globus nach, wo die Kinder das Wetter überprüfen wollen, und suchen dann die entsprechenden Webcam-Orte heraus. Bitten Sie die Kinder, das Wetter zu malen.

Ideen und Angebote

TIPP

Webcams finden Sie unter dem Schlagwort „Webcams" in Suchmaschinen. Häufig gibt es aber auch welche auf Wetterseiten oder Flughafenwebseiten.

Schritt 2: Personen aus aller Welt kontaktieren
Sammeln Sie Kontakte in aller Welt, z. B. indem Sie bei den Eltern nachfragen. Rufen Sie mit den Kindern zu einer bestimmten Zeit dort an oder unterhalten Sie sich per Videochat. Bitten Sie um Fotos und Filme zu einer bestimmten Uhrzeit.

Schritt 3: Welt-Wetterkarte erstellen
Reflektieren Sie gemeinsam, um das Gelernte zu vertiefen und zu verinnerlichen. Klären Sie offene Fragen. So ergeben sich meist neue Impulse für weitere Aktionen. Sammeln Sie dann alle Bilder und Zeichnungen der Kinder. Sie können natürlich auch andere Kunstwerke zum Thema Wetter erstellen. Bringen Sie alles an einer Weltkarte an.

© Maria Symchych – Shutterstock.com

Ideen und Angebote

KAPITEL 1
Klimawandel

Den Treibhauseffekt verstehen

CO_2 ist in der Natur kein Problem, solange das Ökosystem sich in einem Gleichgewicht befindet. Dieses besteht, wenn genug Pflanzen da sind, die CO_2 aufnehmen und wieder frischen Sauerstoff herstellen. Wird das System gestört, z. B. durch zu viel CO_2 oder durch die Zerstörung der Pflanzen, gibt es nicht mehr genug Sauerstoff, um Lebewesen damit zu versorgen. Anhand der folgenden Experimente machen Sie Kindern diesen Prozess begreiflich:

CO_2-Schnüffeltest

Zunächst sollen die Kinder verstehen, was CO_2 ist. Mit dem CO_2-Schnüffeltest können sie es ganz einfach ausprobieren.

So geht's

Gehen Sie nach draußen oder an ein geöffnetes Fenster. Lassen Sie die Kinder frische Luft einatmen und bewusst riechen. Fragen Sie: „Wie riecht die Luft?" Bitten Sie die Kinder dann, noch einmal tief einzuatmen und beim Ausatmen die Hände wie Schalen vor den Mund zu halten, um an ihrer ausgeatmeten Luft riechen zu können. Fragen Sie nun: „Wie riecht deine Atemluft?" Die Kinder bemerken sicherlich einen Unterschied: Die eingeatmete „frische" Luft von draußen roch vielleicht nach Frühlingsblumen, nach Schnee oder Regen – eben irgendwie frisch. Die ausgeatmete Luft roch muffig, vielleicht auch ein bisschen nach dem Essen von vorhin. Tatsächlich ist in dieser Atemluft etwas weniger Sauerstoff, jedoch mehr CO_2 enthalten. Wir können uns also unter der „verbrauchten Luft" recht gut vorstellen, was CO_2 bedeutet.

> **TIPP**
> Sprechen Sie bei der Reflexion mit den Kindern auch darüber, in welchen Situationen sie schon einmal bemerkt haben, dass Luft verbraucht wird oder verändert herauskommt. Das ist z. B. beim Pupsen, beim Rülpsen oder bei den Auspuffabgasen so.

Mini-Treibhauseffekt

Den Treibhauseffekt können die Kinder an einem Florarium, auch „Pflanze im Glas" genannt, simulieren. Es dient in diesem Experiment als Mini-Ökosystem.

Material

- ✓ Pflanze im Topf
- ✓ große Glasschüssel

So geht's

Stülpen Sie über eine eingetopfte Pflanze eine Glasschüssel. Anfangs beschlägt das Glas und wird dann, nach einigen Tagen, auch wieder klar: Das Ökosystem funktioniert. Sobald Sie zu viel Wärme, Kälte oder Feuchtigkeit hineinlassen, wird das Ökosystem gestört und die Pflanzen gehen kaputt. Die Kinder probieren dies aus, indem sie:

1. Die Pflanze mit der Schüssel in die Sonne stellen.
2. Mit einer Sprühflasche Wasser hineinsprühen.
3. Mit einem Strohhalm hineinpusten und der Pflanze so den Sauerstoff entziehen.
4. Eine Kerze anzünden und die Flamme für ein paar Sekunden unter das Glas halten. Dafür schieben sie die Schüssel ein Stückchen über die Kante.

> **TIPP**
> Achten Sie darauf, dass der Untergrund feuerfest ist. Stellen Sie die Schüssel mit der Pflanze z. B. auf ein umgedrehtes Backblech.

Dann funktioniert das Ökosystem nicht mehr. Das erkennen die Kinder daran, dass die Pflanzen entweder sterben, unkontrolliert wuchern oder faulen und schließlich auch sterben.

Ideen und Angebote

TIPP

In einer großen Flasche mit großer Halsöffnung kann man einen richtigen kleinen Garten mit Grünpflanzen anbauen. Verschlossen wird die Flasche mit einem Korken. Anfangs sollte man noch ab und zu etwas Luft hineinlassen, bis sich das Ökosystem eingespielt hat. Solche Flaschengärten können viele Jahre alt werden.

Energie begreifen

Energie, das klingt in Kinderohren bestimmt sehr abstrakt. Mit einfachen Beispielen können Sie ihnen den Begriff etwas verständlicher machen.

Energie

Energie ist eine physikalische Größe E, die in Joule gemessen wird. Es gibt verschiedene Energieformen:
→ potenzielle Energie (entsteht durch Lageveränderung, z. B. von oben nach unten fließendes Wasser)
→ kinetische Energie (Bewegungsenergie)
→ elektrische Energie (Strom)
→ chemische Energie (durch einen chemischen Prozess freigesetzte Energie, Kohlenhydrate werden z. B. im Körper zu Energie umgewandelt)
→ Wärmeenergie

Sie können ineinander umgeformt werden, z. B. kann ein Mensch mithilfe seiner kinetischen Energie ein Fahrrad beschleunigen, dabei einen Dynamo antreiben, der wiederum das Licht zum Leuchten bringt.

Körperenergie

Mit Energie ist nicht nur Strom gemeint. Auch unser Körper produziert Energie. Wie, zeigt das folgende Experiment.

Material

✔ eine halbe Banane für jedes Kind

So geht's

Schritt 1: „Feuer, Wasser, Blitz" – Laufspiel
Setzen Sie sich mit den Kindern im Kreis zusammen. Fragen Sie die Kinder zum Einstieg: „Was ist Energie?" Geben Sie den Kindern Zeit, verschiedene Antworten zu finden, wie etwa Kraft, Treibstoff, Strom.

Bei einem Laufspiel probieren die Kinder aus, ob sie auch Energie in sich haben. Fragen Sie zuerst, wer sich kräftig, fit und frisch fühlt. Wer hat heute gut gefrühstückt und wer fühlt sich müde, faul und lahm? Wie fühlt sich die Haut, der Körper an, warm oder kühl? Nun spielen die Kinder ca. zehn Minuten lang ein Laufspiel, z. B. „Feuer, Wasser, Blitz". Beenden Sie das Spiel, wenn Sie das Gefühl haben, dass die Kinder warmgelaufen sind.

Schritt 2: Pause
Während die Kinder verschnaufen, fragen Sie:

1. Wer fühlt sich jetzt kräftig, frisch und fit oder ist erschöpft? Wem ist heiß, wer schwitzt und wie fühlt sich die Haut jetzt an?
   → Die Energie, die im Körper ist, hat sich in Bewegungsenergie verwandelt, wodurch die Beine laufen konnten. Dabei ist auch Wärme entstanden, denn der Körper schwitzt, um sich wieder abzukühlen.

2. Was würde passieren, wenn die Kinder jetzt noch einmal so viel oder sogar länger laufen würden?
   → Sicher wissen die Kinder die Antwort: Sie würden schwach werden. Die Beine würden sich nicht mehr bewegen wollen und sie hätten Durst, weil sie schwitzen.

3. Und was können sie tun, um wieder Energie zu bekommen?
   → Essen, trinken und sich ausruhen.

Ideen und Angebote

KAPITEL 1
Klimawandel

Schritt 3: Energie tanken
Machen Sie also zusammen eine Pause mit Wasser, einer halben Banane für jedes Kind und etwas Ruhe. Fragen Sie abschließend noch einmal: Habt ihr wieder Energie? Lassen Sie die Mädchen und Jungen erzählen. Fassen Sie zum Schluss gemeinsam zusammen: Im Köper steckt Energie. Die kommt durch Essen und Trinken hinein. Sie kann in Bewegung verwandelt werden bzw. sie wird dafür genutzt. Aber wir brauchen sie auch zum Denken und zum Steuern von Bewegungen. Das erklärt, warum wir auch erschöpft sind, wenn wir einen ganzen Vormittag still sitzen und lesen, malen oder puzzeln.

Stromerkundungstour drinnen

Elektrischer Strom ist für die meisten von uns selbstverständlich. Daher ist uns oft nicht bewusst, wie häufig wir ihn nutzen. Schlagen Sie den Kindern vor, eine Erkundungstour zu machen, um herauszufinden, wo, wie und wann in der Kita Strom genutzt wird.

Material

- ✔ Kamera
- ✔ Notizblock und Stift
- ✔ PC und Drucker
- ✔ Zeichen- und Tonpapier
- ✔ Buntstifte

So geht's

Schritt 1: Erkundungstour
Gehen Sie mit einer kleinen Gruppe von Kindern durch die Räume oder teilen Sie die Kinder auf die Räume auf. Dann sollte immer eine Begleitperson dabei sein. Bitten Sie die Mädchen und Jungen, nachzusehen, wo sich Steckdosen, Lichtschalter und Lampen befinden. So finden sie heraus, welche Geräte in der Kita mit Strom betrieben werden. Lassen Sie die Kinder alle Stromquellen und Geräte fotografieren. Natürlich dürfen die Kinder die Geräte nicht einfach so anfassen oder bedienen. Aber sie können nachfragen, wozu sie gut sind und wann und wie oft sie genutzt werden. Notieren Sie diese gesammelten Erkenntnisse der Kinder.

Schritt 2: Auswertung und Dokumentation
Drucken Sie die Fotos aus. Lassen Sie jeweils zwei Kinder einer Gruppe dabei sein und mitentscheiden, welche Fotos das sein sollen. Schreiben Sie auf jedes Bild, in welchem Raum es fotografiert wurde. Stapeln Sie die Fotos den Räumen zugeordnet. Sprechen Sie mit allen Kindern über ihre Eindrücke und Erkenntnisse der Erkundungstour.

Schritt 3: Über Alternativen nachdenken
Haben die Kinder Ideen, welche Geräte man vielleicht gar nicht braucht und wie man sie ersetzen könnte? Wie könnte man Strom sparen?
Man könnte z. B.:
→ Sahne mit einem Schneebesen schlagen, anstelle eines elektrischen Handmixers.
→ den Staubsauger durch Besen, Schaufel und einen Wischmopp ersetzen.
→ lose Teppiche draußen ausschütteln und ausklopfen.
→ statt eines CD-Spielers selbst singen und musizieren.

Regen Sie die Kinder dazu an, sich sinnvolle, praktische, aber auch lustige und außergewöhnliche Alternativen auszudenken. Das macht Spaß und unterstützt die Vertiefung des Themas. Lassen Sie die Kinder ihre Ideen zeichnen und schneiden Sie die Bilder aus. Nun erstellen Sie gemeinsam Plakate für die Räume, auf die Sie die ausgedruckten Fotos kleben. Interessant ist es, diese zu sortieren, sodass sofort sichtbar ist, wie viele Steckdosen oder Lampen es gibt. Zu bestimmten Geräten können dann die Kinder ihre Alternativ-Ideen aufkleben. Schreiben Sie dazu, was die Kinder Ihnen darüber erzählen.

> **TIPP**
>
> Eine solche Erkundungstour können die Kinder auch zu Hause mit den Eltern machen. In der Kita erzählen sie dann von den Geräten, die ihnen aufgefallen sind.

Ideen und Angebote

Stromerkundungstour draußen

Nicht nur im Haus wird Strom verbraucht, auch draußen. Hier ist es besonders interessant, wenn die Kinder darauf achten, wo sich draußen Strommasten und Leitungen befinden.

Material

- ✔ Fotoapparat
- ✔ Notizblock und Stift
- ✔ Zeichen- und Tonpapier
- ✔ Buntstifte

So geht's

Gehen Sie wie bei der Stromtour im Haus vor: Erkunden Sie in Kleingruppen gemeinsam die Umgebung. Machen Sie Fotos und Notizen und werten Sie gemeinsam aus, wie viele Geräte es gibt, die Strom benötigen, wo Strom fließt oder erzeugt wird.

Vielleicht können Sie mit den Kindern eine Art Landkarte zeichnen oder auf einem großen Ausdruck eines Umgebungsplans Stromquellen und -verbraucher einzeichnen. Ideal sind diese Plakate auch für eine größere Ausstellung im Rahmen eines Klima- oder Nachhaltigkeitsprojekts.

Besuch im Stromkraftwerk

Die Kinder wissen, dass elektrischer Strom aus der Steckdose kommt. Sie wissen auch, dass er gefährlich ist, für unseren Alltag jedoch unentbehrlich. Wo aber kommt unser Strom her? Und wie kommt er in die Wand?

Wenn möglich, besuchen Sie mit den Kindern ein Kraftwerk oder ein Stromumspannwerk. Vielleicht hilft auch jemand von der Gemeinde bzw. Stadt mit, um zu veranschaulichen, woher der Strom kommt. Auch der Blick hinter die Kulissen einer Baustelle ist eine Möglichkeit, zumindest teilweise nachzuvollziehen, woher der Strom kommt. Selbstverständlich dürfen Sie nicht auf eine Haus-Baustelle gehen. Aber es werden auch Stromkabel in Straßen oder Großbaustellen verlegt, wo man vom Bauzaun aus zusehen kann. Nehmen Sie Fotos und Grafiken aus dem Internet zu Hilfe, um den Kindern zu veranschaulichen, woher unser Strom stammt und wie er ins Haus kommt. Die Grafik zeigt die Versorgung mit Strom aus Windkraft.

> **TIPP**
>
> Hängen Sie die Doku-Plakate im Flur auf und bieten Sie gemeinsam Führungen für andere Kinder der Einrichtung oder die Eltern an.

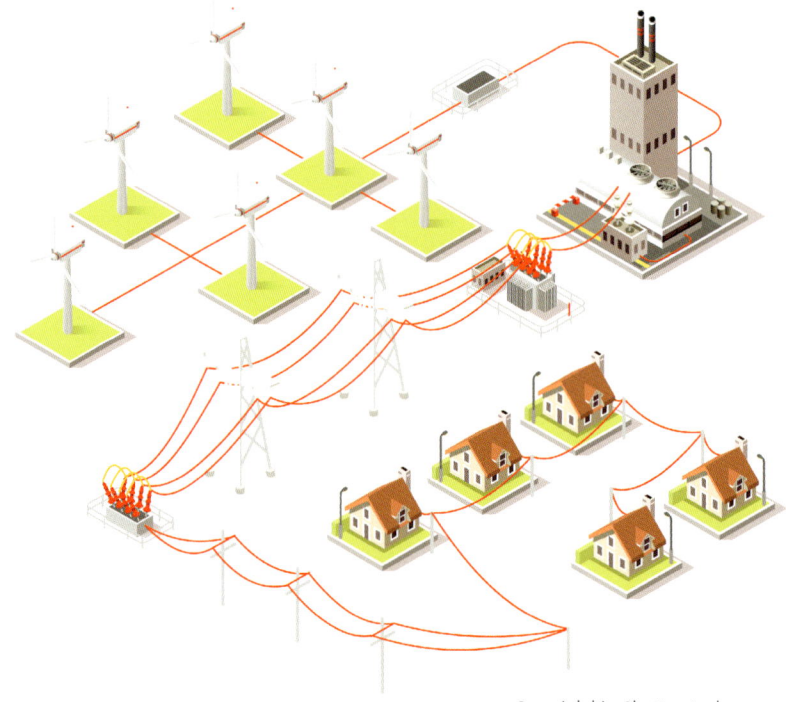

© aurielaki – Shutterstock.com

Ideen und Angebote

KAPITEL 1
Klimawandel

Modell-Stromkreislauf

Bauen Sie mit den Kindern ein Modell, um einen einfachen Stromkreis zu veranschaulichen.

Material

- Kabel (isolierter Schaltdraht)
- 3,5-Volt-Flachbatterie
- Glühlämpchen (3,5 V) mit Metallsteg/Sockel/Fassung
- kleine, spitze Zange
- Abisolierzange, Schere oder Messer

So geht's

Schritt 1: Kabel isolieren
Schneiden Sie zwei 20 cm lange Stücke vom Kabel ab. Entfernen Sie die Isolierung von den Enden, sodass jeweils 1 bis 1,5 cm blanker Draht zu sehen ist. Wenn Sie keine spezielle Zange zum Abisolieren haben, nehmen Sie eine Schere oder ein Messer. Schneiden Sie die Isolierung damit rundherum vorsichtig ein und ziehen Sie den Kunststoff ab.

Schritt 2: Mit Batterie und Lampe verbinden
Bitten Sie die Kinder nun, ein Drahtende mit der Batterie zu verbinden. Das andere Ende des Kabels verbinden sie mit der Lampe, also dem Sockel. Nun verbinden sie den zweiten Draht zuerst mit der Lampe.

Schritt 3: Stromkreislauf schließen
Fragen Sie, was wohl passiert, wenn Sie jetzt das letzte Drahtende mit der Batterie verbinden. Die Kinder können beobachten, dass das Lämpchen anfängt, zu leuchten. Was ist passiert? Der Strom fließt! Er kann nun ungehindert aus der Batterie heraus, durch die Drähte und das Lämpchen hindurch wieder in die Batterie hineinfließen, immer im Kreis herum.

© BlueRingMedia – Shutterstock.com

Hinweis

Erklären Sie den Kindern, dass sie niemals ohne Aufsicht solche Experimente und Modelle nachstellen dürfen. Elektrischer Strom ist immer gefährlich. Das Modell dürfen sie selbst bauen, weil die Batterie nur sehr wenig Strom ausschickt.

Die Eltern

Die Eltern über das Projekt informieren

Wenn Sie vorhaben, das Thema „Klimawandel" als Projekt oder Jahresthema in der Kita anzubieten, informieren Sie die Eltern in einem Elternbrief. Hier geht es darum, erste Informationen über das Projekt herauszugeben, um sie auf das Thema vorzubereiten und zum Mitmachen anzuregen. Wenn Sie bereits Angebote und Aktionen geplant haben, hängen Sie eine Übersicht mit den Terminen und kurzen Erläuterungen an. So können sich die Eltern besser darauf einstellen. Ermuntern Sie sie dazu, bei Fragen jederzeit auf Sie zuzugehen. Geben Sie dafür z. B. einen Termin für den ersten Elternabend an.

Liebe Eltern,

der Klimawandel ist ein wichtiges Thema unserer Zeit. Auch die Kinder hören davon und viele wollen wissen, was es bedeutet. Deshalb möchten wir gemeinsam mit ihnen herausfinden, was „Wetter" und „Klima" bedeuten und warum wir alle vom Klimawandel betroffen sind. Wir werden dabei auch lernen, wie wir mit den wertvollen Ressourcen unserer Erde umgehen müssen, damit sie noch vielen anderen Generationen zur Verfügung stehen. Ziel dieses Projektes ist, das Interesse und Verantwortungsbewusstsein der Kinder für ihre Umwelt zu wecken. Indem wir die Kinder informieren und ihnen zeigen, was sie zum Klimaschutz beitragen können, unterstützen wir sie dabei, eine eigene Haltung zu diesem Thema einzunehmen.
Wir wünschen uns für alle Kinder eine wunderschöne Erde, auf der wir alle glücklich und noch lange leben können. Deshalb beginnen wir jetzt damit, sie zu schützen. Machen Sie mit! Wir freuen uns, wenn Sie Ihre Kinder unterstützen und an unseren gemeinsamen Aktionen teilnehmen.

Ihr Kita-Team

Die Eltern

KAPITEL 1
Klimawandel

Opa fragen: Wie war das Wetter damals bei euch?

Die Groß- und Urgroßeltern haben oft noch ein ganz anderes Wetter bzw. Klima erlebt. Vor 50 Jahren konnten die Unterschiede zwischen den Jahreszeiten viel stärker wahrgenommen werden und die Übergänge gestalteten sich sanfter, wie am 6. März: „Um den Tag des Fridolin, da zieht der letzte Winter hin". Heute treffen die alten Bauernregeln oft nicht mehr zu, weil sich das Klima bereits verändert hat.

So geht's

Die Kinder erhalten als Hausaufgabe, ihre Eltern, Groß- und Urgroßeltern zu befragen, wie das Wetter früher war. Wer keine Verwandtschaft in der Nähe hat, kann ältere Nachbar*innen fragen oder andere Bekannte. Vielleicht können die Befragten ein paar Geschichten dazu erzählen und sogar Fotos beisteuern, damit sie für die Kinder leichter nachzuvollziehen sind.

Folgende Fragen eignen sich für diese Hausaufgabe:
- Wie war das Wetter, als du noch ein Kind warst?
- Gab es Frühling, Sommer, Herbst und Winter? Wie hast du das gemerkt?
- Gab es Schnee? Viel oder wenig Schnee?
- Hat es viel geregnet oder auch oft heftige Gewitter gegeben oder eher selten?
- Kannst du dich an besondere Tage erinnern, die mit dem Wetter zu tun haben?
- Was habt ihr gemacht, wenn es viel geregnet hat?
- Findest du, dass sich das Wetter seit deiner Kindheit verändert hat? Wie?
- Kennst du eine Bauernregel? Trifft sie noch zu?
- Hast du vielleicht ein Foto aus dieser Zeit, das ich in der Kita zeigen darf?

Schreiben Sie die Fragen auf und geben Sie jedem Kind eine Kopie davon mit. In einer Gesprächsrunde berichten die Kinder dann von ihren Befragungen und zeigen Fotos, die sie mitgebracht haben. Wenn sich Familienmitglieder dazu bereiterklären, können sie mit dem jeweiligen Kind gemeinsam vom Wetter früher erzählen. Damit die Spannung erhalten bleibt, berichtet jeden Tag nur eine Familie.

© Ollyy – Shutterstock.com

30 | MIT KITA–KINDERN
DIE ERDE SCHÜTZEN

KAPITEL 2
Ökologisches Bewusstsein

In allen Bildungsplänen der Bundesländer ist Umwelterziehung fest verankert. Die Themenschwerpunkte variieren je nach Bundesland. Im Allgemeinen umfasst dieser Bildungsbereich in der Kita und Krippe die belebte Natur mit ihren Tieren, den Pflanzen und dem Boden. Die Kinder sollen aber auch etwas über das Wetter und das Klima lernen. Diese Themenbereiche sind jedoch häufig im Bereich der Naturwissenschaften angesiedelt. Unabhängig von dieser Kategorisierung ist es wichtig, dass die Kinder einen Zugang zur Natur erhalten, sich an ihr erfreuen, sie erforschen und sich mit ihr auseinandersetzen. In diesem Kapitel bekommen Sie viele Ideen und Anregungen dazu. So entwickeln die Mädchen und Jungen ein ökologisches Bewusstsein. Sie lernen, Verantwortung zu übernehmen für ihr Lebensumfeld.

Fragen und Wissen

Warum müssen wir die Natur schützen?

Ein Großteil der **Naturräume** wurde bereits stark vom Menschen verändert. Einige Tier- und Pflanzenarten sind dadurch bereits ausgestorben oder davon bedroht. Nun könnte man meinen, dass es doch genug Tiere auf dieser Welt gibt. Tatsächlich sind aber alle wichtig für ein funktionierendes Ökosystem. Das Beispiel des Bienensterbens veranschaulicht dies.

Beispiel: Bienensterben

Seit Jahren sterben weltweit große Populationen von Bienen. Als Ursache dafür werden Unkrautvernichtungsgifte, Dünger, andere Giftstoffe und nicht ausreichende Naturräume vermutet. Im Frühjahr 2019 gab es in Bayern sogar ein Volksbegehren: „Rettet die Bienen". Ziel war es, Bienen und Insekten besser zu schützen und eine Agrarwende für eine ökologisch bewusstere Landwirtschaft zu erwirken, bei der Unkrautvernichtungsgifte, Dünger und andere Gefahrenstoffe sofort verboten werden (vgl. Landesbund für Vogelschutz in Bayern, LBV e. V.). Die Folgen des Insektensterbens sind bereits spürbar. Es gibt weniger Vögel und Fledermäuse. In China müssen Pflanzen bereits mit feinen Pinseln von Hand bestäubt werden, weil es keine Insekten mehr dafür gibt (vgl. Angres, V. und Hutter, C.-P., 2018: 51). Wenn viele Tiere oder Pflanzen einer Art sterben, funktioniert das Ökosystem nicht mehr. Dies hat eine Kettenreaktion zur Folge: Es sterben weitere Tiere und Pflanzen aus und wir Menschen werden nicht mehr genug Nahrungsmittel und zu wenig Sauerstoff zur Verfügung haben.

Welche Tier- und Pflanzenarten sind bedroht?

Etwa acht Millionen **Tier- und Pflanzenarten** gibt es auf der Erde, davon ca. 5,5 Millionen Insektenarten. Bis zu einer Million Arten sind direkt vom Aussterben bedroht (vgl. Helmholtz-Zentrum für Umweltforschung GmbH – UFZ, 2019: 9). In Deutschland ist jede dritte Tier- und Pflanzenart bedroht, z.B. 92 % der Ameisenarten und 25 % der Zugvogelarten. Hauptursache ist die Landwirtschaft (vgl. Verein für Landschaftspflege & Artenschutz in Bayern e. V., 2017). Laut der seit 2011 aktualisierten „Roten Liste der Bienen Deutschlands" sind 53 % aller Wildbienenarten bedroht (vgl. Bundesamt für Naturschutz, Bfn., 2012: 405).

Da so viele Tier- und Pflanzenarten vom **Aussterben** bedroht sind, sind im Folgenden nur einige aufgelistet, die bei uns heimisch sind und die die meisten Kinder kennen:

→ Tiere: Aal, Dachs, Fledermaus, Igel, Kreuzotter, Maulwurf, Regenbogenforelle, Zaunkönig, Glühwürmchen, Uhu
→ Pflanzen: Blaubeere, Erle, Hirtentäschel, Lupine, Sanddorn

Was bedeutet Umweltverschmutzung?

Unsere Umwelt leidet zunehmend unter **Verschmutzung.** Sichtbar ist das für uns, wenn Müll herumliegt, z.B. am Straßenrand, am Strand oder im Meer. Der Schnee am Straßenrand ist grau verfärbt, Seen kippen um, weil ihr Ökosystem u.a. durch große Mengen Nitrat (Gülle) aus dem Gleichgewicht geraten ist, Flüsse werden für Badegäste gesperrt und Fische sterben, weil eine Fabrik z.B. illegal Abwasser eingeleitet hat oder ein Tanker Öl verliert. Immer öfter finden wir tote Tiere auf, deren Mägen mit Plastikmüll gefüllt sind.

Die Verschmutzung der Luft ist meist in großen Städten durch Smog spürbar, der z.B. durch Abgase mitverursacht wird. Ein großes Problem, insbesondere für Insekten, ist die **Lichtverschmutzung.** In Städten leuchten Straßenlaternen, Reklameleinwände und Schaufenster

Fragen und Wissen

KAPITEL 2
Ökologisches Bewusstsein

die ganze Nacht. Viele Insekten fühlen sich von Licht angezogen und sterben durch Hitze oder Erschöpfung, weil sie ständig auf und ab fliegen. Der Tag-Nacht-Rhythmus von Tieren, Pflanzen und Menschen geht verloren. Eine noch häufig unterschätzte Form der **Umweltverschmutzung** ist Lärm. Tiere, die sich durch Schallwellen verständigen, wie z. B. Fledermäuse und Wale, haben große Probleme, den Lärm der Menschen zu überhören. Sie sind irritiert, verschreckt und können sich schlechter orientieren. Auch auf den Menschen können sich dauerhafte Licht- und Lärmquellen schädlich auswirken, z. B. während des Schlafens, was Dauererschöpfung hervorruft.

Müll löst sich nicht von selbst auf. Wir müssen ihn reduzieren oder besser ganz vermeiden und bereits vorhandenen Müll aufsammeln. Allein der Mensch verschmutzt die Umwelt. Tiere in der freien Natur gehören einem System an. Ihr „Abfall", z. B. Kot, Federn, Fell, oder auch ihr Skelett werden durch natürliche Prozesse umgewandelt und wieder in das System aufgenommen.

Warum sind Wälder wichtig für das Klima?

Bäume speichern CO_2, spenden Sauerstoff und kühlen den Lebensraum, in dem sie stehen. Sie halten den Boden fest, halten Stürme ab und schützen vor Lawinen. Sie bieten Lebensraum für Tiere und andere Pflanzen und sind daher ein wichtiger Bestandteil des Ökosystems.

Wälder, insbesondere ältere Laubwälder und Urwälder, kühlen sich so, wie wir Menschen schwitzen, durch Verdunstung ab. So herrschen in dichten Wäldern stets angenehm kühle Temperaturen und ein eher feuchtes Klima. Würden überall auf der Welt mehr große Buchen- bzw. Laubwälder stehen, könnte sich die Erde abkühlen. Doch es dauert viel zu lange, bis so ein **Urwald** entsteht. Umso wichtiger ist es, Urwaldbestände zu schützen, und zwar weltweit.

© Rich Carey – Shutterstock.com

Ideen und Angebote

Das Ökosystem verstehen

> **Ökosystem**
>
> Ein Ökosystem ist ein Verbund zusammenhängender und voneinander abhängiger Lebewesen und Pflanzen, also eine Art Lebensgemeinschaft.

Ökosystem-Modell

Um zu verstehen, wie die Natur funktioniert und warum es wichtig ist, dass alle Teile des Systems in ihrer vorgesehenen Menge vorhanden sind, bauen die Kinder ein Modell und probieren es aus.

Material

- ✔ Spieltiere
- ✔ Naturmaterialien, wie Stöcke, Steine, Zapfen
- ✔ Tücher
- ✔ Schnur
- ✔ Papier
- ✔ Scheren
- ✔ Stifte

So geht's

Schritt 1: Über die Natur sprechen

Für das Modell eines Ökosystems benötigen die Kinder Platz. Dafür eignet sich z. B. ein großer, niedriger Tisch oder ein abgegrenzter Bereich auf dem Boden. Sprechen Sie zunächst mit den Kindern über die Natur und darüber, warum es wichtig ist, sie zu schützen. Fragen Sie z. B.: „Was passiert, wenn es keine Insekten, wie Fliegen oder Bienen, mehr gibt? Oder wenn es keinen Wald mehr gibt?"

Schritt 2: Natur nachbauen

Schlagen Sie vor, ein Stück Natur nachzubauen, z. B. einen Wald und eine Wiese.
Die Kinder legen die Landschaft mit Natur- und anderen Materialien. Dabei überlegen sie, was ganz unten ist: der Boden. Um diesen darzustellen, streuen sie etwas Sand oder Erde aus. Sie können auch ein Tuch verwenden. Im Boden wohnen viele kleine Tiere, die die Kinder mit Papierschnipseln, Tannennadeln oder ähnlichen Materialien darstellen können. Auf dem Boden wachsen Blumen, Gras, Büsche und Bäume. Welche Tiere leben hier? Die Kinder können für ihre Darstellung Spieltiere nehmen oder symbolisch Stöckchen oder Steine. Sie können aber auch Tiere zeichnen und ausschneiden. Zum Glück gibt es in der Landschaft auch einen Bach oder einen kleinen Teich, sodass die Tiere genug Wasser haben. Verwenden Sie dafür ein Tuch oder eine Schnur.

Schritt 3: Überlegen, was Pflanzen und Tiere zum Leben brauchen

Überlegen Sie nun zusammen, was die Tiere und Pflanzen zum Leben brauchen. Wenn alles ausreichend vorhanden ist, funktioniert das kleine Ökosystem. Fressen die Vögel Insekten? Das ist in Ordnung, denn es warten schon viele andere Insekten, die gerade geschlüpft sind. Frisst der Marder einen Vogel? Auch das bringt das Ökosystem nicht aus dem Gleichgewicht, weil genug neue Vögel schlüpfen. Doch was passiert, wenn eine ganze Tier- oder Pflanzenart plötzlich nicht mehr da wäre? Überlegen Sie gemeinsam.
Wenn es z. B. kein Gras mehr gibt, trocknet der Boden aus. Die Lebewesen im und auf dem Boden haben weniger Nahrung. Andere Tiere, wie Rehe, können das Gras nicht fressen, sie knabbern dann noch mehr junge Zweige von den Bäumen. Das schadet den Bäumen. Gibt es weniger Kleinstlebewesen, fehlen bald auch andere Tiere, wie Vögel oder Igel usw. Wann immer eine Tier- oder Pflanzenart verschwindet, hat das Konsequenzen für die anderen Lebewesen, weil in einem Ökosystem alles miteinander zusammenhängt.
Sprechen Sie mit den Kindern darüber, was sie und die Erwachsenen tun können, um die Landschaft, die Natur, zu erhalten.

Ideen und Angebote

KAPITEL 2
Ökologisches Bewusstsein

> ### TIPP
>
> Ältere Kinder können bereits den Klimawandel nachstellen. Fragen Sie die Kinder: Was passiert, wenn es wochenlang nicht regnet und die Sonne ununterbrochen scheint?
> Es ist sehr heiß und die Pflanzen haben wenig zu trinken, da das Grundwasser sinkt. Damit trocknet auch der Teich aus oder der Bach führt nur noch wenig Wasser. Weil es nicht regnet, kommt kein neues Wasser von oben nach. Nun haben auch die Tiere bald nicht mehr genug zu trinken. Weil die Pflanzen absterben, haben sie aber auch nicht genug zu essen. Sie sterben auch. Vögel haben jetzt keine Insekten, die sie fressen können. Aber die Vögel müssen Samen mit ihrem Kot weitertragen und sie sind wiederum Nahrungsgrundlage für andere Tiere.
> Plötzlich ist es so heiß, dass es anfängt, zu brennen. Vielleicht, weil irgendwo eine Glasscherbe am Boden liegt, weil einer Wanderin oder einem Wanderer eine Flasche aus der Hand gefallen ist.

Naturschätze entdecken

Um Kindern einen Zugang zur Natur zu ermöglichen und in ihnen ein Umweltbewusstsein zu wecken, ist es wichtig, die Natur kennenzulernen. Am besten mit allen Sinnen und viel Freude, denn positive emotionale Erlebnisse unterstützen das Lernen. So bleibt das neue Wissen lange im Gedächtnis.

Naturausflug

Machen Sie so oft wie möglich mit den Kindern einen Ausflug in die Natur, z. B. in den Wald oder zu einer Wiese.

Material

- ✔ Matten oder Decken
- ✔ Lupen
- ✔ Stoffbeutel für Naturfundstücke
- ✔ Bestimmungsbücher (Bäume, Pflanzen, Tiere)

So geht's

Spazieren Sie langsam und fordern Sie die Kinder auf, genau zu schauen, was sie umgibt: Bäume, Sträucher, Blumen, Gras, Insekten, Vögel, Erde, Maulwurfshügel, Steine oder Laub? Lassen Sie die Mädchen und Jungen ausschwärmen, um die Natur um sie herum mit allen Sinnen wahrzunehmen:

→ Riechen Sie an Blüten, an Schnee oder Steinen.
→ Fühlen Sie die Baumrinde oder die Dornen einer Heckenrose.
→ Blätter und Triebspitzen von Bäumen sowie das Harz und die Rinde dürfen die Kinder auch probieren. Es schmeckt übrigens fast alles eher bitter, sodass keine Gefahr besteht, zu viel davon zu essen. Wer mag, darf ein Gänseblümchen essen, sofern es nicht auf Hundewiesen oder am Straßenrand wächst. Vielleicht gibt es gerade Bärlauch? Dann dürfen die Kinder erst daran riechen und ihn dann probieren. So können Verwechslungen ausgeschlossen werden, denn Bärlauch riecht stark würzig.

Ideen und Angebote

→ Lassen Sie die Kinder barfuß laufen, wenn es warm ist, um den Boden zu spüren. Wie fühlt sich das an? Achten Sie darauf, dass sie nicht über eine Wiese mit viel blühendem Klee und Blumen laufen, um nicht auf Bienen oder Wespen zu treten.

→ Ermuntern Sie die Kinder, sich auf den Boden zu legen. So können sie ihn bäuchlings betrachten, anfassen und daran riechen. Alle können das Gras fühlen und leichten Wind auf der Haut spüren. Wenn sie still sind und eine Weile so liegen bleiben, können sie Insekten und Vögel beobachten, weiter oben auch höher fliegende Vögel und die Wolken. Unterhalten Sie sich leise miteinander über das, was die Kinder beobachten, hören, riechen und spüren.

→ Bitten Sie die Kinder, ganz leise zu sein. Welche Geräusche sind natürlich und welche von Menschen gemacht?

→ Spielen Sie „Ich sehe was, was du nicht siehst ..." oder erfinden Sie Geschichten über Bäume, Tiere und den Wald.

Lassen Sie den Mädchen und Jungen viel Zeit zum Spüren der Natur. Zeigen Sie sich anschließend gegenseitig die Entdeckungen.

TIPP

Lassen Sie die Kinder Naturmaterialien, wie Schneckenhäuser, Tannenzapfen oder Steine, sammeln und sie mit in die Kita nehmen. Dort untersuchen sie sie genauer, z. B. mit einem Mikroskop oder einer Lupe. Anschließend dürfen sie etwas damit bauen, spielen oder basteln.

Den Wald erleben

Viele Kinder blühen in der Natur auf, weil das Lernen aus ihrem eigenen Antrieb heraus und mit viel Freude geschieht.

Waldtage

Einige Kitas greifen das Wald- und Naturkonzept auf und ermöglichen den Mädchen und Jungen, regelmäßig an einem Wochentag oder mehrere Wochen im Jahr Zeit in der Natur zu verbringen. Meist freuen sich die Kinder schon lange vorher darauf. Es gibt auch Kitas, die ausschließlich mit den Vorschulkindern Waldwochen oder -tage veranstalten. So erhalten die Kinder noch einmal eine besondere Aufmerksamkeit und dürfen sich mit der Natur und sich selbst auseinandersetzen.

Material

✓ Isomatten o. Ä.
✓ 1 Erste-Hilfe-Set
✓ 1 Notfallhandy
✓ 1 Taschenmesser
✓ einige Scheren
✓ Bindfaden
✓ Wasser
✓ Seife (möglichst natürlich)
✓ 1 kleiner Spaten oder Schaufel
✓ Toilettenpapier
✓ 1 Seil
✓ Papier, Stifte
✓ 1 Müllsack oder -behälter
✓ Stoffbeutel
✓ Lupen
✓ Bestimmungsbücher

© HP Productions – shutterstock.com

Ideen und Angebote

KAPITEL 2
Ökologisches Bewusstsein

© Martin Vorel – Shutterstock.com

So geht's

Schritt 1: Vorbereitung und Organisation

Planen Sie mit Ihren Kolleg*innen, welche Kinder an welchen Tagen Waldausflüge unternehmen. Klären Sie im Vorfeld, welcher Wald oder Naturraum sich dafür eignet, und bringen Sie in Erfahrung, ob es Eigentümer*innen gibt, die Sie um Erlaubnis bitten müssen.

Informieren Sie die Eltern rechtzeitig über Ihr Vorhaben. Sinnvoll ist ein Elternabend, an dem Sie alle Fragen klären können, oder ein Elternbrief, in dem Sie darlegen, welche Ziele Sie mit der Naturzeit anstreben, wie die Kinder davon profitieren und wie sie dafür ausgerüstet sein sollen. Besprechen Sie zudem folgende Punkte:

- Zeitraum
- Essen und Trinken
- Toilette
- Bring- und Abholsituation
- allgemeine Hygiene
- Kleidung
- Umgang mit Gefahren, Verletzungen
- Wetterbedingungen
- Tagesablauf, Ziele, Aktivitäten

Einige Eltern befürchten vielleicht, dass Kinder sich dort verletzen könnten. Genau wie an anderen Orten kann das natürlich auch im Wald passieren, z. B. wenn Kinder sich überschätzen, den Naturraum nicht kennen oder wenn Müll, wie Glas, herumliegt. Mit der Zeit gewinnen die Kinder jedoch körperlich mehr Sicherheit. Sie können ihre Umgebung besser einschätzen und lernen, Gefahren zu vermeiden. Sprechen Sie mit ihnen darüber und behalten Sie sie im Auge. Wichtig sind auch klare Regeln im Umgang mit Schnitzmessern oder beim Klettern. Die Kinder sollten z. B. darauf achten, dass unter ihrem Kletterbaum keine herausstehenden Äste oder junge Baumstämme stehen. Der Boden sollte weich und frei von Steinen sein.

Ideen und Angebote

Schritt 2: Regeln besprechen

Sprechen Sie mit den Kindern vorher über die Waldtage. Fragen Sie sie, was sie in der Natur oder im Wald gerne tun. Worauf freuen sie sich? Was finden sie unangenehm? Erklären Sie, dass es ein paar Regeln geben wird, die alle einhalten müssen. Sie dienen dem Schutz der Natur und dem der Kinder. Regeln könnten z. B. folgende sein:

- Wir halten uns nur im Gebiet auf, das gemeinsam abgesprochen und mit Tüchern abgegrenzt wurde.
- Wir bleiben bei der Gruppe. Wenn wir uns entfernen möchten, sagen wir Bescheid und gehen immer mindestens zu zweit.
- Wir werfen nichts in den Wald und hinterlassen keinen Müll.
- Wenn wir zur Toilette müssen, gilt Folgendes: klein – etwas abseits und ohne Papier, groß – Bescheid sagen, am Toilettenplatz ein Loch graben, darin auch das Papier vergraben und mit einem Stock markieren.
- Wir lassen die Natur in Ruhe, reißen nichts aus und machen nichts kaputt!
- Wir essen oder trinken nichts aus der Natur, ohne vorher die Erzieher*innen zu fragen!

Schritt 3: Die Tage im Wald

Am ersten Waldtag bestimmen Sie zusammen das Areal und gehen die Regeln noch mal durch. Führen Sie einen festen Ablauf für alle anderen Waldtage ein, z. B.:

- ankommen und versammeln
  a) kurz die Regeln abfragen
  b) besprechen, was heute an Aktivitäten geplant ist
- freie Spielzeit
- Brotzeit
- zusammen laufen, Aktivität
- kurzes Zusammentreffen und Besprechen, wie der Vormittag bisher war
- Mittagessen oder zurück zur Kita

Aktivitäten im Wald sind z. B.: balancieren, klettern, zählen, sortieren, verstecken, benennen, erzählen, entdecken, beobachten, hören, riechen, fühlen, schmecken, bauen, stapeln, kriechen.

Ziele der Waldzeit können z. B. sein:

- Natur beobachten, kennen- und schätzen lernen
- natürliche Vorgänge, Systeme und Abläufe verstehen
- in und mit der Natur spielen und lernen
- den Körper und die Psyche stärken, Grenzen kennenlernen und überwinden, seelisches und körperliches Gleichgewicht finden.

TIPP

Machen Sie Fotos, um zu beobachten und zu dokumentieren. Die Bilder können in die Portfolios der Kinder einfließen und sind zudem für eine Wandzeitung geeignet.

Praktische Tipps

1. Hygiene im Wald

Selbst wenn die Kinder vor dem Ausflug die Toilette aufsuchen, wird es vorkommen, dass sie auch im Wald noch einmal müssen. Das „kleine Geschäft" stellt in der Regel kein Problem dar, sofern Sie kein Toilettenpapier benutzen. Für das „große Geschäft" graben Sie ein Loch aus.

Dort können Sie auch das Toilettenpapier mitentsorgen. Schütten Sie das Loch wieder zu und markieren Sie die Stelle mit einem Stock, damit nicht noch einmal jemand dort buddelt. Legen Sie einen festen Platz als Toilette fest. Wenn Sie regelmäßig in denselben Wald gehen, können Sie eine Kompost- oder Sägespänetoilette einrichten. Im Internet finden Sie zahlreiche Informationen und Anleitungen dazu.

2. Kleidung im Wald

Damit die Kinder nicht frieren oder zu sehr schwitzen, ist passende Kleidung wichtig. Im Winter eignen sich leichte Schneeanzüge, die wasserabweisend sind. Bei allen anderen Jahreszeiten eignen sich lange Hosen. Wer lieber mit kurzen Hosen oder Röcken herumläuft, muss damit rechnen, von Dornen, Brennnesseln oder

Ideen und Angebote

KAPITEL 2
Ökologisches Bewusstsein

Mücken gestochen zu werden. Matsch- oder Regenhosen sind nur nötig, wenn es tatsächlich stark regnet. Die meisten dieser Hosen sind mit einem hohen Kunststoffanteil hergestellt, was nicht nachhaltig ist. Da sich darin Wärme staut, gelangen alle möglichen ungesunden Stoffe an die Kinder. Lassen Sie sie deshalb mit ganz normalen Hosen herumlaufen, die schmutzig werden dürfen, und bitten Sie die Eltern darum, Wechselhosen mitzugeben. So bleiben alle lange trocken. Eine Jacke, am besten mit Kapuze, ist sinnvoll und praktisch. Der Jahreszeit entsprechend, soll sie dicker oder dünner sein. Feste Schuhe sind wichtig, wenn die Kinder viel herumtoben und laufen wollen. Sie sollten aber auch immer wieder barfuß laufen dürfen, um den Waldboden zu spüren. Gummistiefel sind im Wald eher unpraktisch, weil sie sehr rutschig sind und wenig Halt bieten. Auch hier staut sich die Wärme sehr, was bei längerer Tragezeit unangenehm ist.

Hinweis

Übrigens verlieren „Outdoor-Stoffe", wie Fleece, ständig Fasern, die in der Natur jahrelang nachweisbar sind. Sie bauen sich nicht ab, denn sie sind aus Kunststoffen hergestellt worden.

Mini-Bäume

Die Kinder wissen jetzt, wie wichtig Bäume für unser Klima, aber auch für die Tiere und den Menschen sind. Sie spenden Sauerstoff, speichern CO_2 und Methangas. Sie bieten Schatten, Schutz, Futter und einen Platz für Vogelnester. Für den Menschen gelten sie als wertvoller Rohstoff, um Papier, Möbel oder Brennholz herzustellen. Damit sie verstehen, wie Bäume wachsen und wie lange es dauert, bis sie richtig groß sind, pflanzen die Kinder selbst Bäume.

Material

- Blumentöpfe oder Kästen
- Erde (z.B. aus dem Garten oder von Maulwurfshügeln)
- Früchte von Bäumen (Kastanien, Bucheckern, Eicheln, Kugeln von Linden, Wal- oder Haselnüsse)
- 1 Gießkanne
- 1 wasserfester Marker

So geht's

Schritt 1: Waldfrüchte sammeln
Sammeln Sie bei einem Herbstausflug zusammen verschiedene Waldfrüchte, wie Kastanien, Bucheckern oder Haselnüsse. Es sind die Samen der Bäume. Wenn möglich, heben Sie schon im Frühling und Sommer die Samen von Linden und Ahorn auf. Zeigen Sie sie den Kindern und sagen Sie ihnen, zu welchen Bäumen sie gehören. Fragen Sie, ob schon jemand gesehen hat, wie junge Bäume aussehen. Wer weiß, wie lange es dauert, bis ein Baum so richtig groß ist? Zeigen Sie auf einen Baum, den die Kinder bereits kennen. Schlagen Sie nun vor, gemeinsam Bäume zu ziehen. Wenn möglich, sollen sie später irgendwo ausgepflanzt werden.

Schritt 2: Waldfrüchte einpflanzen
Zum Einpflanzen füllen die Kinder Erde in die Blumentöpfe und drücken sie fest. So finden die Wurzeln später guten Halt.

TIPP

Für die Bäume verwenden Sie keinen Kompost, da der zu reichhaltig ist. Waldboden ist meist eher sauer oder mager. Es reicht also Erde aus dem Garten oder von Maulwurfshügeln.

© locote – Shutterstock.com

Ideen und Angebote

Nun legen die Mädchen und Jungen die Samen darauf, jeweils mit mindestens 8–10 cm Abstand oder einzeln in kleine Töpfe. Sie geben etwas lockere Erde darüber, sodass die Kerne leicht bedeckt sind. Achten Sie darauf, dass wirklich nur wenig lockere Erde daraufgestreut wird, da die Samen etwas Licht brauchen, um zu keimen. Die Erde hilft lediglich, etwas Halt zu geben und vor dem Austrocknen zu schützen. In der Natur fallen sie auch einfach herunter und liegen oft lange an der Oberfläche. Sie keimen dann jedoch meist erst im nächsten Frühjahr, wenn es wieder heller und wärmer wird.

Schritt 3: Täglich gießen

Nun gießen die Kinder Wasser in die Blumentöpfe, damit die Samen schön feucht sind. Die Töpfe müssen an einem hellen Ort stehen. Wenn sie über einer Heizung stehen, muss allerdings öfter gegossen werden, damit die Samen nicht austrocknen. Über Nacht dürfen sie nur dort stehen, wenn die Heizung heruntergedreht wird, was ökologisch sinnvoll ist.

Schritt 4: Baumwachstum beobachten

Die Kinder beobachten nun täglich, was passiert. Am schönsten sehen die Kastanien aus, deren Sprösslinge mit den ersten Blättern nach oben wachsen, ähnlich wie bei einer kleinen Palme. Die Kinder können auch vergleichen, wie unterschiedlich schnell die Bäumchen wachsen, wann sie erste Blätter bilden oder sich ein etwas holzigerer Stiel bildet. Wie verändert sich die Farbe der Blätter und des Stiels?

Schritt 5: Mini-Bäume umtopfen

Sobald die Bäume ca. 10 cm hoch gewachsen sind, brauchen sie mehr Platz und müssen deshalb in größere Gefäße umgetopft werden. Die Kinder müssen hier sehr vorsichtig sein, um die zarten Pflanzen nicht zu zerdrücken. Am besten fassen sie nur die Wurzelballen mit der Erde daran an. Setzen Sie diese in einen Topf mit angedrückter Erde und füllen Sie rundherum Erde auf. Kräftig angießen ist jetzt besonders wichtig, damit die zarten Wurzelenden gut versorgt werden.

© OlgaKot17 – Shutterstock.com

TIPP

Fotografieren Sie einmal pro Woche den Entwicklungsstand der Pflanzen. Die Kinder gestalten daraus eine interessante Dokumentation und sehen rückblickend noch einmal, wie ihre Wachstumsphase verlief.

Ideen und Angebote

KAPITEL 2
Ökologisches Bewusstsein

© RUKSUTAKARN studio – Shutterstock.com

Insekten schützen

Ohne Insekten, wie Bienen oder Hummeln, gäbe es viele Pflanzen gar nicht, weil sie nicht bestäubt würden. Pflanzen sind jedoch wichtig, weil sie Tieren und uns Menschen als Nahrung dienen. Außerdem schützen sie den Boden vor dem Austrocknen und speichern CO_2. Auch andere Insekten, wie Käfer und Schmetterlinge, sind wichtige und nützliche Teile des Ökosystems, obwohl sie so klein sind. Daher ist es wichtig, sie zu schützen. Weil es immer weniger Futter für Insekten gibt, die Lebensbedingungen mancherorts durch Hitze oder starken Regen schlechter werden und sich spezielle Krankheiten ausbreiten, gibt es immer weniger von ihnen.

Hummel: © Klaus Eppele – stock.adobe.com

Bienen und Hummeln

Zur Gattung der Bienen gehören Hummeln, Wildbienen und Honigbienen. Sie sind Hautflügler, d.h., sie haben zwei häutige Flügelpaare. In Deutschland gibt es ca. 570 Wildbienenarten, zu denen auch Hummeln gehören. Davon sind bereits ca. 39 Arten ausgestorben oder so selten, dass man sie nicht mehr findet. Von den 36 Hummelarten sind bereits sieben ausgestorben oder extrem selten (vgl. Alexander Schlecht). Die meisten Hummeln bauen ihre Nisthöhlen in der Erde. Es ist auch möglich, Nisthöhlen für sie zu bauen, was jedoch bedeutet, dass diese auch von Menschen gepflegt werden müssen. Sinnvoller ist es, Naturraum anzubieten, der geschützt ist und sich für die Hummeln als Nistmöglichkeit eignet.

Ideen und Angebote

TIPP

Die Kinder können Insekten mit einer Lupe genau betrachten. Welche haben ein Flügelpaar und welche zwei? So erkennen sie die Schwebfliege, die aussieht wie eine kleine Biene. Für diese Untersuchungen verwenden die Kinder am besten tote Tiere, die sie z. B. auf dem Gehweg, auf der Terrasse oder am Fensterbrett finden. Wenn sie lebende Tiere, wie Käfer oder Fliegen, ansehen wollen, setzen Sie sie vorsichtig in eine Becherlupe und lassen sie sobald wie möglich wieder frei.

© Jacek Chabraszewski – stock.adobe.com

Ein Zuhause für Insekten

Damit sich Insekten, wie Bienen, Hummeln, Ameisen und Käfer, im Garten wohlfühlen, braucht es nicht viel. Eher besonders wenig. Vor allem sollte nicht alles blitzblank sauber sein. Lassen Sie also Bereiche im Garten etwas verwildern. Bitten Sie die Kinder, Äste und Zweige in einer Ecke des Gartens zu stapeln, und mähen Sie nur selten den Rasen. Vielleicht ist es ja möglich, nur dort zu mähen, wo die Kinder spielen, toben und barfuß gehen dürfen. Ein anderer Wiesenabschnitt könnte so zu einer Wildblumenwiese gedeihen. Oft reicht es, einige kleine Bereiche dafür abzugeben, das sieht sogar sehr schön aus und die Kinder respektieren diese Oasen der Natur, wie z. B. die folgenden:

1. Ein Platz im Garten

Machen Sie sich mit den Kindern im Garten und Vorgarten auf die Suche nach Wegrändern und Stellen, die sich für Hummelnester eignen könnten, z. B. kleine Nischen und Risse im Boden. Sorgen Sie dafür, dass diese Orte tatsächlich dauerhaft in Ruhe gelassen werden. Damit der Platz in einem heißen Sommer nicht zu warm wird, könnte direkt davor eine Blumenwiese entstehen oder niedrige Stauden wachsen, wie z. B. Kräuter.

2. Kräuterschnecke

Wie wäre es mit einer „Kräuterschnecke"? Dafür sammeln die Kinder flache Steine, z. B. an einem Fluss, und stapeln sie als kleine Mauer schneckenförmig aufeinander. Diese kleine Mauer kann mit verschiedenen Kräutern und anderen Stauden bepflanzt werden, sodass hier das ganze Jahr über Platz für Insekten ist.

© terra incognita – shutterstock.com

Ideen und Angebote

KAPITEL 2
Ökologisches Bewusstsein

3. Zwischen Stroh und Halmen

Mithilfe von Halmen können die Kinder einfache Insektenwohnräume bauen. Dafür sammeln sie schon im Herbst trockene Gräser und Schilf. Diese können die Kinder z. B. in Blechdosen stecken und an einem geschützten Platz auf den Boden legen. Halme bieten vielen Insekten Wohnraum, werden jedoch auch von Vögeln gerne für ihren Nestbau oder zur Nahrungssuche verwendet. Daher ist es sinnvoll, die Röhrchen gut zu befestigen.

Praktisch ist dafür auch ein dicker Ast, in den Sie ein paar Löcher bohren. Dort hinein stecken die Kinder Schilfröhrchen, sodass sie vorn ein Stück herausschauen. Den Ast hängen sie an eine Hauswand oder an einen Zaun, wo es etwas ruhiger ist und in der Nähe ausreichend Blühpflanzen wachsen. Vermeiden Sie die Südwand eines Hauses, da es dort zu heiß wird.

Damit die Tiere auch etwas zu trinken haben, können Sie mehrere flache Schalen aufstellen und regelmäßig mit Wasser, am besten Regenwasser, füllen. Legen Sie einige Steine hinein, damit die Insekten und Vögel Landeplätze haben. Bald können die Kinder beobachten, wie nett es aussieht, wenn eine Biene oder Wespe sich satt trinkt und noch ein bisschen auf dem Stein ausruht.

> **Hinweis**
>
> Insektenhotels, wie sie im Handel zu kaufen sind oder selbst gebaut werden können, sind gar nicht so sinnvoll wie bisher angenommen. Sie locken nämlich überwiegend Insekten an, die gar nicht vom Aussterben bedroht sind. Wichtiger ist es, Wildbienen zu unterstützen, die im Boden leben. Soll es aber dennoch eines sein, achten Sie darauf, dass die Bewohner*innen auch einen „gedeckten Tisch" vorfinden. Es müssen unbedingt ausreichend Blühpflanzen in der Nähe sein. Anderenfalls ziehen sie wieder aus oder sterben.

> **TIPP**
>
> Manchen Arten gefällt es, in Holz zu nisten. Es reicht dafür aus, in einen alten Baumstamm, einen Holzpfosten (Zaun) oder eine große Holzscheibe Löcher zu bohren (ca. 6–8 mm).

Nahrung für Insekten

Essbare Pflanzen eignen sich besonders gut, weil auch die Kinder davon profitieren. So lohnt es sich z. B., große Kräuterbeete anzulegen oder Kräuter wie Salbei, Oregano und Lavendel als Randbepflanzungen anzupflanzen. Die Blüten und Blätter duften fast das ganze Jahr. Sie eignen sich als Gewürze und Lavendel ist zudem auch noch gut zur Beruhigung, zum Einschlafen und hilft gegen Motten im Haus. Damit die Insekten Nahrung erhalten, müssen auch die Kräuter blühen dürfen, die normalerweise zum Verzehr vor der Blüte geerntet werden, wie z. B. Zwiebeln und Schnittlauch. Die Kinder sind sicher bereit, zu teilen und von jeder Sorte einige Pflanzen stehen zu lassen.

Pflanzen, die sich als Nahrung für Insekten eignen:

- Bärlauch
- Disteln
- Glockenblume
- Hyazinthe
- Johannisbeeren
- Kamille
- Klee
- Kornblume
- Lavendel
- Oregano
- Schafgarbe
- Schlehen
- Schneeglöckchen
- Schnittlauch
- Sonnenblume
- Stachelbeere
- Stockrose (Malve)
- Wildrosen
- Ysop
- Zitronenmelisse
- Zwiebel

© Marty Kropp – stock.adobe.com

Ideen und Angebote

Käfer

Beobachten Sie mit den Kindern auch Käfer.

Material

✔ Bestimmungsbücher

So geht's

Machen Sie die Kinder bei der Beobachtung von Insekten auch auf Käfer aufmerksam. Wie sehen sie aus? Wie bewegen sie sich? Wie verhalten sie sich? Vergleichen Sie Farbe, Form und Flügel und die Geräusche, die sie machen, wenn sie losfliegen. Manche Käfer riechen komisch, ganz besonders die Stinkwanzen. Aber auch Hirschkäfer hinterlassen eine stark riechende Substanz. Sehen Sie im Buch nach, wie die Käfer heißen.

© Wolfgang – stock.adobe.com

Ameisensafari

Finden Sie Ameisen auch so interessant wie die meisten Kinder? Oder sind Ihnen die kleinen Krabbeltiere eher lästig? Wenn Sie einmal mit den Kindern Ameisen beobachtet und sie näher kennengelernt haben, werden Sie nie wieder eines dieser Tiere töten, nur weil es an Ihrem Fuß herumkrabbelt. Versprochen!

Material

✔ Bestimmungsbuch oder Fotoausdrucke mit Ameisenarten aus dem Internet
✔ Decken oder Matten
✔ Lupen und Becherlupen für jedes Kind
✔ Pinzetten
✔ 1 Kamera
✔ Notizblöcke und Stifte
✔ etwas Honig oder Marmelade

Ameisen

In Deutschland gibt es etwa 116 Ameisen-Arten. Die bekannteste ist die Schwarze Wegameise. Die Blutrote Raubameise und alle Arten der hügelbauenden Waldameisen stehen unter Naturschutz, da sie vom Aussterben bedroht sind (vgl. Deutsches Zentrum für Luft- und Raumfahrt e. V.). Für die Natur sind Ameisen Nützlinge, weil sie für einen gesunden Boden sorgen. Sie sind Nahrungsquelle für andere Tiere, stellen „Honigtau" her, verbreiten Samen und bieten in ihrem Bau Unterschlupf für „Gäste", wie z. B. Insekten, die sich von den Abfällen der Ameisen ernähren. Ameisen leben in großen Familien, auch „Staaten" genannt, zusammen. Das können Hunderte, Tausende oder sogar Millionen Ameisen auf einem Haufen oder in einem Bau sein. Wenn sie beißen bzw. stechen, tun sie das aus Notwehr, z. B. wenn sie sich in Gefahr befinden. Das tut nicht weh und ist ungefährlich. Da sie dabei Sekret hinterlassen, juckt es an der Bissstelle und es treten manchmal kleine Bläschen auf, so ähnlich wie bei Brennnesseln. Das geht aber bald wieder vorbei. Ameisen sind zudem sehr stark. Sie können ca. 50- bis 100-mal so viel tragen, wie sie selbst wiegen.

© Klaus Eppele – stock.adobe.com

Ideen und Angebote

KAPITEL 2
Ökologisches Bewusstsein

So geht's:

Schritt 1: Ameisen finden und beobachten

Die Kinder machen sich auf die Suche nach Ameisen. Dafür müssen sie gar nicht so weit gehen, denn oft halten sich die kleinen Krabbeltiere an Wegrändern, Wiesenrandstücken und an Hauswänden auf. Wichtig ist, dass es warm und sonnig ist.

Die Kinder dürfen die Ameisen in Ruhe beobachten. Sie können dafür Lupen verwenden, wenn sie genauer hinsehen möchten. Wer mag, kann eine Ameise auch vorsichtig in eine Becherlupe setzen, um sie zu betrachten. Meist findet man irgendwo eine tote Ameise, die noch nicht von den anderen abtransportiert wurde. Dieses Tier eignet sich am besten für die genaue Betrachtung. Um sie unter die Lupe zu nehmen, verwenden die Kinder eine Pinzette und legen das Tier auf den Notizblock.

Bieten Sie den Kindern Decken oder Matten an, um sich in der Nähe der Ameisen hinzulegen. So nah am Boden können die Kinder sie am besten über längere Zeit beobachten.

Regen Sie an, die Tiere genau zu beschreiben:
- Wie viele Beine haben sie?
- Wie ist der Körper geformt?
- Haben sie Fühler?
- Welche Farbe haben sie?
- Wie sehen die Augen aus, der Mund, die Kopfform?

Schritt 2: Den Weg der Ameise verfolgen

Lassen Sie die Kinder herausfinden, ob es eine Ameisenstraße gibt und wo sie hinführt. Mit einem Tropfen Honig oder Marmelade können sie versuchen, einige Ameisen anzulocken und zu beobachten, was passiert. Vielleicht haben sie Glück und eine Ameise kommt und frisst davon. Mit dem sogenannten „sozialen Magen" kann sie eine große Menge aufnehmen und trägt dies dann in den Ameisenbau, um die Nahrung mit den anderen zu teilen. Die Kinder können so den Weg der Ameise verfolgen und finden heraus, wo ihr Bau ist.

Schritt 3: Ameisen bestimmen

Mithilfe eines Bestimmungsbuches oder von Foto-Ausdrucken aus dem Internet versuchen die Kinder, herauszufinden, um welche Ameisenart es sich handelt. Wenn möglich, fotografieren Sie gemeinsam die Ameisen, die Ameisenstraße oder den Bau. Die Fotos eignen sich als Material für eine Dokumentation.

© Ken Griffiths – Shutterstock.com

Praxisangebote für mehr
Nachhaltigkeit in der Kita

Ideen und Angebote

Vögel kennenlernen

Wer weiß, dass Vögel Nachfahren der Dinosaurier sind? Obwohl es sehr viele Vogelarten gibt und wir in unserer Umgebung immer wieder einige von ihnen sehen und hören, werden es immer weniger. Erstaunlich, da sie so eine lange Vorgeschichte haben. Doch der Mensch und seine Lebensweise sowie der Klimawandel sorgen dafür, dass immer weniger Nahrung und Lebensraum für Vögel da sind. Deshalb suchen sich manche einfach eine andere Umgebung, an die sie sich anpassen und so weiterleben können.

Vogelhochzeitsgäste

Ermuntern Sie die Kinder, unterschiedliche Vogelarten kennenzulernen, um ihnen Wertschätzung entgegenzubringen.

Material

- ✔ 1 Liedtext „Die Vogelhochzeit"
- ✔ 1 Begleitinstrument oder Abspielgerät
- ✔ Karton, Pappe oder Papier
- ✔ Buntstifte, Wachskreiden
- ✔ Scheren
- ✔ Alleskleber, Klebstifte
- ✔ Eisstecken oder Holzstab (kleiner Zweig)
- ✔ Wäscheklammern
- ✔ Vogelbuch
- ✔ ggf. PC und Drucker

Hinweis

Auffällig ist, dass Vögel sich gerne am Müll der Menschen bedienen, um ihre Nester zu bauen. Das hat zur Folge, dass man in Küstengebieten vielen toten Möwen und anderen Vögeln begegnet, die sich an Netzen und Schnüren aus Plastik stranguliert haben. Leider passiert das überall auf der Welt, auch in kleinen Stadtgärten. Allein deshalb ist es wichtig, darauf zu achten, keinen Müll draußen liegen zu lassen oder Meisenknödel mit Kunststoffnetz zu nutzen. Die Netze stellen ebenfalls gefährliche Fallen für Vögel dar.

© Daniel_Kay – Shutterstock.com

KAPITEL 2
Ökologisches Bewusstsein

Ideen und Angebote

So geht's

Schritt 1: Vorbereitung
Suchen Sie das klassische Kinderlied „Die Vogelhochzeit" aus einem Liederbuch heraus oder drucken Sie sich den Text aus dem Internet aus. Kopieren oder drucken Sie Abbildungen der darin vorkommenden Vogelarten aus einem Vogelbuch oder aus dem Internet aus. Achten Sie darauf, nur copyrightfreie Bilder zu verwenden.

Schritt 2: Lied singen
Versammeln Sie die Vorschulkinder in einem Sitzkreis auf dem Boden. Wenn Sie direkt dort mit ihnen basteln wollen, sorgen Sie dafür, dass der Boden bzw. Teppich mit einer Maltischdecke oder Zeitung abgedeckt ist. Singen oder spielen Sie die ersten Strophen des Liedes vor. Die Kinder können bestimmt den Refrain gleich mitsingen.

Schritt 3: Vogelarten verteilen
Schlagen Sie nun vor, die Vögel des Liedes kennenzulernen und sie dann zu malen und zu basteln. Es sollen Stabpuppen und Kulissen entstehen, um das Lied dann nachzuspielen.
Legen Sie Ihre Bilder in die Mitte des Kreises und lesen Sie die Strophen des Liedes langsam vor. Welche Vögel kommen im Lied vor? Die Kinder dürfen sich nun aussuchen, welchen Vogel sie malen und basteln wollen. Jedes Kind nimmt das entsprechende Vogelbild mit und setzt sich an den Tisch. Außerdem benötigen sie noch andere Requisiten für das Singspiel, wie z. B. den Wald.

Schritt 4: Vögel basteln
Um die Vögel als Stabpuppen zu gestalten, können die Kinder sie frei zeichnen, abzeichnen oder abpausen. Sie zeichnen direkt auf Pappe oder erst auf Papier und kleben dies dann auf. Die Vögel müssen nur einmal gezeichnet, angemalt und aufgeklebt werden, eine entsprechende Rückseite ist nicht nötig. Als Stab für die „Puppen" kleben sie einen Eisstiel, Holzstab oder einen Pappstreifen hinten an den Vogel oder an das Requisit. Damit die Stiele halten, bis der Kleber richtig trocken ist, klemmen die Kinder sie mit Wäscheklammern fest. Nach ein paar Minuten können sie diese wieder abnehmen und der Stiel hält.

> **TIPP**
> Wenn Sie einen stabilen Streifen aus Pappe oder Karton herstellen möchten, müssen Sie auf die Faserrichtung bzw. die Richtung der Wellstreifen achten. Schneiden Sie entlang der Fasern, entsteht ein stabiler Streifen. Schneiden Sie entgegen, also senkrecht zu den Fasern, lässt sich der Pappstreifen biegen. Probieren Sie es mit den Kindern an einem Stück aus und markieren Sie die Schnittrichtung.

Schritt 5: Vogellied nachspielen
Singen Sie das Lied nun alle zusammen im Kreis. Die Kinder zeigen jeweils ihre Vogelpuppen und Requisiten. Dafür gehen sie in die Kreismitte. Manchmal müssen auch mehrere „Vögel" in der Mitte sein, z. B. wenn es um den Star geht, der der Braut die Haare schön frisiert. Singen Sie langsam und sprechen Sie sich immer mit den Kindern ab, wie sie die Szene und das Spiel gestalten möchten. Dann wird es ein lustiges Singspiel.

> **TIPP**
> Wenn die großen Kinder ein paar Mal geübt und sich auf eine Art des Singspiels geeinigt haben, können sie ihr Vogellied auch anderen Kindern der Kita vortragen.

Ideen und Angebote

Vogelarten

Im Lied „Die Vogelhochzeit" kommen verschiedene Vögel vor. Die Kinder lernen diese Vögel nun noch eingehender kennen.

Material

- ✔ Vogelbuch
- ✔ PC mit Internet
- ✔ Bestimmungsbücher
- ✔ Ferngläser
- ✔ Bilder der Vögel aus der Vogelhochzeit

So geht's

Schauen Sie sich die Vögel aus dem Lied „Die Vogelhochzeit" gemeinsam mit den Kindern an, z.B. im Internet oder in Büchern. Was gibt es Interessantes über sie zu erfahren?

- Wie singen sie?
- Wie verhalten sie sich?
- Wo leben und brüten sie ihre Eier aus?
- Welche Art von Nest bauen sie?
- Wer kümmert sich um den Nachwuchs?
- Sind es Zugvögel?
- Sind es Tauchenten oder reine Schwimmenten?
- Sind es Raubvögel oder essen sie viel lieber Körner?

Gehen Sie mit einer Kleingruppe von Kindern raus in die Natur und beobachten Sie Vögel. Am meisten sieht man sie morgens. Auch muss man sich ruhig verhalten, dann kommen Vögel nah heran. Die Kinder können auch ein Fernglas verwenden. Wenn sie beschreiben, was sie sehen, können die anderen Kinder in einem Buch nachsehen, um welchen Vogel es sich handelt.

TIPP

Auch selbst gebastelte Ferngläser aus Papprollen sind hierfür geeignet. Sie vergrößern zwar nicht, schränken aber das Sichtfeld ein. So konzentriert sich der Blick auf das Wesentliche.

© Philippe Clement – shutterstock.com

Ideen und Angebote

KAPITEL 2
Ökologisches Bewusstsein

Unterwasserwelt entdecken

Wer die Natur als Lebensraum kennenlernen will, sollte auch erfahren, was auf und im Wasser lebt. Auch hier beeinflusst der Klimawandel, welche Tiere und Pflanzen weiterhin existieren können. Daher ist es wichtig, Kindern diesen wertvollen Lebensraum zu zeigen.

Unterwasser-Sichtgerät

Tiere, die auf dem Wasser leben, sehen die Kinder mit bloßem Auge, wie z. B. Enten und Schwäne. Welche leben aber im Wasser? Mit einem Unterwasser-Sichtgerät können die Kinder auch diese Tiere beobachten.

Material

- ✔ große Dosen oder Becher für jedes Kind
- ✔ 1 Dosenöffner
- ✔ 1 Cutter
- ✔ transparente Folie (leicht biegsam, z. B. Klarsichthüllen)
- ✔ stabiles, breites Klebeband

So geht's

Schritt 1: Unterwasser-Sichtgerät basteln
Entfernen Sie den Boden des Bechers oder der Dose mit einem Dosenöffner. Bei einem Plastikbecher geht dies auch mit einem Cutter.

> **TIPP**
> Lassen Sie die Klinge nur wenige Millimeter herausschauen, dann ist es ungefährlicher.

Schneiden Sie nun die Folie zu. Sie sollte vom Durchmesser her ca. 8 cm größer als die des Bechers bzw. der Dose sein. Stellen Sie das Gefäß nun auf die Folie und heften Sie sie mit kleinen Klebestreifen an mehreren Stellen an den Becherrand. Arbeiten Sie dabei immer gegenüberliegend, so wird die Folie schön straff. Legen Sie dann überstehende Folienstücke in Falten. So lässt sie sich besser mit einem Klebeband am Becherrand befestigen. Die Kinder können ihre Sichtbecher im Waschbecken ausprobieren. Dafür drücken sie den Becher mit der Folie zuerst unter Wasser und schauen oben hinein. Sind sie dicht?

> **TIPP**
> Wenn Sie lieber ohne Klebeband arbeiten möchten (ökologischer), verwenden Sie in Streifen geschnittenen Fahrradschlauch als Befestigung. Knoten Sie einen Gummiring daraus und spannen Sie damit die Folie straff über die Öffnung, damit der Becher dicht ist.

Schritt 2: Unterwasser-Tiere beobachten
Gehen Sie zusammen zu einem See, Teich oder Bach mit einem flachen Ufer, um die Tiere, die im Wasser leben, zu beobachten. Dafür können sich die Kinder am Ufer auch flach auf den Bauch legen oder sich in das Wasser hocken, wenn es warm ist. Schon bald merken die Mädchen und Jungen, dass sie sich möglichst wenig bewegen dürfen, um keinen Boden aufzuwirbeln und die Tiere nicht zu erschrecken.

© Katja Hillscher

Ideen und Angebote

> **Hinweis**
> Nehmen Sie jeweils nur wenige Kinder mit, damit Sie immer eingreifen können, falls eines ins Wasser fällt!

Schritt 3: Über Beobachtungen sprechen
Setzen Sie sich später zusammen und lassen Sie die Kinder berichten, was sie gesehen haben.
Mithilfe von Bestimmungsbüchern können Sie zusammen die Namen der Tiere und Pflanzen herausfinden, die unter Wasser leben.

Aquarium

Die Kinder kennen jetzt einige Tiere, die unter Wasser leben. Bauen Sie gemeinsam ein Aquarium.

Material

- 1 großer Karton
- 1 Cutter
- Plakatfarbe, Deckfarben
- Pinsel
- Alleskleber, Kleister, Klebstift
- Papier, Tonpapier, Karton
- Wachskreiden
- Scheren
- Nähgarn
- 1 große Nähnadel
- Sand
- einige Steine
- evtl. Muscheln, Schneckenhäuser o. Ä.

So geht's

Schritt 1: Den Karton zuschneiden und bemalen
Stellen Sie den Karton mit der Öffnung nach vorn auf einen Tisch. Wenn die Kinder auch seitlich ins „Aquarium" schauen möchten, schneiden Sie dort mit dem Cutter Fenster ein. Achten Sie jedoch darauf, dass ein Rahmen von mindestens 3 cm rundherum stehen bleibt, damit die Schachtel weiterhin stabil ist und am Rahmen auch Pflanzen und Tiere aufgemalt und aufgeklebt werden können.
Bevor die Kinder den Karton von außen und innen mit Plakatfarben bemalen, entscheiden Sie, wie die Rückwand innen aussehen soll. Sollen dort Pflanzen aufgemalt werden oder andere Fische? Den Boden bemalen sie außen und innen nicht. Lassen Sie die Farbe gut trocknen.

> **TIPP**
> Beim Bemalen eines Kartons oder von Pappe sollten immer beide Seiten bemalt werden, damit sich die Spannung ausgleicht. Bemalt man nur eine Seite, verzieht sich das Material und wölbt sich.

© OnlyZoia – Shutterstock.com

Ideen und Angebote

KAPITEL 2
Ökologisches Bewusstsein

Schritt 2: Tiere und Pflanzen malen

Jetzt gestalten die Kinder das Aquarium. Sie basteln Tiere und Pflanzen aus Papier und Pappe. Dafür zeichnen sie diese auf, schneiden sie aus und malen sie von beiden Seiten an. Die Pflanzen kleben sie am Boden oder an der Rückwand fest. Die Tiere werden an einem Faden an die Decke gehängt.

> **TIPP**
>
> Wichtig ist, dass Sie mit der Nadel ziemlich genau in der Mitte der Tiere ein Loch stechen. Die Mitte ist jedoch nicht die optische, also ausgemessene Mitte, sondern die des Gewichts. Um sie festzustellen, piken Sie mit der Nadel leicht ins Papier. Hängt das Tier waagerecht an der Nadel? Dann haben Sie die Mitte gefunden. Überflüssige, kleine Löcher streichen Sie mit dem Fingernagel wieder zu.

Damit die Schnur oben auf dem Aquarium nicht durch das Loch nach innen rutscht, knoten die Kinder sie an ein kleines Stück Papier oder Pappe.
Nun fehlen noch Steine und Sand. Um den Sand am Boden zu befestigen, streichen die Kinder etwas Kleister oder Kleber auf und streuen dann den Sand darauf.

Schritt 3: Beobachten und weitergestalten

Jetzt bekommt das Aquarium einen sicheren Platz in Augenhöhe der Kinder. Es kann nach und nach weiterbestückt werden, wenn die Kinder neue Ideen haben. Wenn ein Luftzug geht, bewegen sich die Fische fast wie echte Tiere.

Wasserforscher*innen

Im Wasser gibt es nicht nur Fische und Pflanzen, die man beobachten kann. Es leben dort auch sehr kleine Wesen, die man mit einer Lupe entdecken kann.

Material

- ✔ Eimer
- ✔ mehrere Schraubgläser
- ✔ Schnur
- ✔ 1 wasserfester Marker
- ✔ Becherlupen für jedes Kind
- ✔ 1 Mikroskop
- ✔ Esslöffel

So geht's

Schritt 1: Wasserproben entnehmen

Holen Sie mit den Kindern zusammen mehrere Wasserproben, z.B. aus einer Pfütze, einem Bach oder einem Teich. Füllen Sie die Proben in Schraubgläser und beschriften Sie diese, damit Sie später noch wissen, woher das Wasser stammt.

Schritt 2: Wasserproben untersuchen

In der Kita untersuchen die Kinder das Wasser. Zuerst sehen sie die Proben im Glas an und vergleichen sie: Wie ist die Farbe, was ist zu sehen? Dann können sie am Wasser riechen. Gibt es Unterschiede? Nun dürfen sie die Proben mit einer Lupe untersuchen. Wenn Sie Becherlupen für die Kinder haben, schütten Sie jeweils etwas Wasser hinein, sodass es möglichst für jede der Proben eine eigene Lupe gibt.
Alternativ können die Kinder etwas Wasser in den Deckel des jeweiligen Schraubglases füllen und mit einer Lupe untersuchen. Was entdecken sie?
Wenn es ein Mikroskop in der Einrichtung gibt, dürfen die Kinder die Proben natürlich auch damit betrachten. So werden sie viele Kleinstlebewesen und Partikel entdecken. Vermutlich sehen sie spätestens jetzt auch Plastikfasern und -teilchen, die nicht ins Wasser gehören. Geben Sie den Kindern viel Zeit für die Erforschung der Wasserproben.

Schritt 3: Beobachtungen dokumentieren

Lassen Sie die Kinder zeichnen, erzählen oder schreiben, was sie entdeckt haben. Ist die Forschungsarbeit beendet, können die Kinder das Wasser wieder zurückbringen, um den Kleinstlebewesen ihren Lebensraum wieder zurückzugeben. Es ist aber auch in Ordnung, das Wasser im Garten auszuschütten, wo es wässert und düngt.

Ideen und Angebote

Steine erforschen

Es gibt sie in groß, klein, rund, oval, mit vielen Ecken und Kanten, hell, dunkel und in vielen Farben. Steine sind genauso unterschiedlich wie zahlreich. Was aber ein Stein genau ist, woher er kommt und wie er seine Form erhalten hat, wissen die wenigsten. Darum lohnt es sich, sie gemeinsam mit den Kindern zu erforschen.

Material

- Lupen für jedes Kind
- 1 Waage
- 1 alte Feile
- 1 Hammer
- 1 Schutzbrille
- Erde
- 1 sehr grobes Sieb (Kindersandsieb)
- ggf. Bestimmungsbücher oder 1 internetfähiges Gerät

So geht's

Sammeln Sie mit den Kindern Steine. Sehen Sie sich diese zusammen an und lassen Sie sie von den Kindern beschreiben: Welche Form haben sie? Welche Farbe? Welches Muster? Wie fühlen sie sich an? Wie riechen sie? Untersuchen Sie die Steine genauer:

1. Lassen Sie die Kinder die Steine wiegen. So stellen sie fest, dass sie unterschiedlich schwer sind.
2. Was befindet sich in den Steinen? Mit einer Feile oder einem Hammer schaben oder hauen die Kinder kleine Teile ab und finden es so heraus. Bitte dabei unbedingt eine Schutzbrille tragen.
3. Kann man auf einem Stein zeichnen? Lassen Sie die Kinder das ausprobieren.
4. Ist auch ein Feuerstein dabei? Wenn man von ihm etwas abschlägt, sind vielleicht Funken zu sehen. Aus ihm wurden früher Pfeilspitzen und Messer gemacht, weil er so stabil ist, dass die „Klingen" nicht gleich wieder abbrechen.
5. Wenn die Kinder wissen, woher ihr Stein stammt, können sie es erzählen.

Mithilfe eines Bestimmungsbuches oder einer Internetseite (s. Buch- und Linktipps) können Sie mit den Kindern einige Steine noch genauer bestimmen.

TIPP

Machen Sie eine Stein-Ausstellung! Schreiben Sie auf Kärtchen, welche Steine es sind, wo sie gefunden wurden oder was sie dem*der Besitzer*in bedeuten.

Was für Gesteinsarten gibt es auf der Erde?

Steine werden in der Wissenschaft „Gestein" genannt. Sie sind so alt wie die Erde und bestehen aus Mineralien. Die Erde besteht aus sehr vielen großen Gesteinsmengen, wie z.B. Gebirgszügen, wie den Alpen. Einen Großteil der Felsen sehen wir nicht. Sie befinden sich unter der Erde oder unter Wasser. Grundsätzlich gibt es vier Arten von Gesteinen:

1. Magmatische Gesteine entstehen aus Magma, das in oder außerhalb der Erde erkaltet, z.B. Granit oder Basalt.
2. Metamorphe Gesteine entstehen, wenn durch hohen Druck auf ältere Gesteine neues entsteht. Dabei ändert sich die Zusammensetzung. Meist passiert dies tief in der Erde und in Vulkanen, wie z.B. bei Schiefer.
3. Sedimentgestein entsteht durch Verwitterung und Erosion (Wind, Wasser, Eis). Dabei werden größere Steinbrocken immer kleiner, verändern sich und bleiben liegen, z.B. Sandstein.
4. Meteoriten sind aus dem Weltraum herabgefallene Brocken.

Ideen und Angebote

KAPITEL 2
Ökologisches Bewusstsein

In der Kita gärtnern

Kinder, die nicht gerne Gemüse und Obst essen, haben dies vermutlich nie richtig kennengelernt. Schon von Geburt an trainiert ein Mensch seine Geschmacksnerven und entwickelt Vorlieben und Abneigungen bei Lebensmitteln.

Gemüsegarten

Mit einem eigenen Gemüsegarten lernen Kinder nicht nur gesunde Nahrungsmittel kennen, sondern erfahren auch, wie sie angebaut und geerntet werden. Sie sehen, wie sich die Natur im Jahreskreis verändert, wie sich Pflanzen entwickeln und wie schön sie aussehen. Sie verstehen, wie aufwändig es ist, Lebensmittel zu erzeugen und welche Rolle Kleinstlebewesen, Klima und Wetter dabei spielen. Zudem übernehmen sie Verantwortung, indem sie sich selbstständig um die Pflanzen kümmern.

Material

✔ Bio-Pflanzenerde ohne Torf
✔ ggf. Anzuchterde
✔ ggf. Material für ein Hochbeet, einschließlich Gitter gegen Wühlmäuse
✔ Pflanztöpfe, Kisten usw. als Beetersatz, wenn kein Garten vorhanden ist
✔ Eimer
✔ Gießkannen
✔ Schaufeln
✔ wasserfester Marker
✔ Pflanzensamen, möglichst Bio-Qualität
✔ Regentonne

So geht's

Schritt 1: Vorbereitung und Planung im Team
Besprechen Sie gemeinsam mit Ihren Kolleg*innen den Garten. Möglich ist vom Mini-Pflanzenkasten auf dem Fensterbrett über den Balkonkübel bis zum Gartenbeet so ziemlich alles. Sehr praktisch sind feste Hochbeete in Kinderhöhe, da sie meist schneckenfrei bleiben.

© Maria Sbytova – Shutterstock.com

Ideen und Angebote

Wenn Sie unten auf dem Boden ein engmaschiges Gitter anbringen, bleibt das Beet auch von Wühlmäusen verschont. Hochbeete können im Garten, auf der Terrasse oder dem Balkon aufgestellt werden.
Es ist auch möglich, in Töpfen, Kisten und sogar Taschen Gemüse anzupflanzen. Achten Sie dabei auf Material, das ungiftig und wetterfest ist. Viele Plastiksorten geben Weichmacher frei, wenn sie sich erwärmen, oder sie lösen sich durch die UV-Strahlung auf. Greifen Sie daher lieber auf Holz, Keramik und Stoff zurück. Ein alter Kartoffelsack aus Jute eignet sich z.B. hervorragend, um darin Kartoffeln wachsen zu lassen.

Wichtig

Egal wo und wie Sie den Garten anlegen, das Gießwasser muss immer abfließen können, damit die Wurzeln der Pflanzen nicht durch Staunässe zerstört werden. Und es muss genug Wasser, am besten Regenwasser, in der Nähe vorhanden sein. Töpfe, Kästen, Eimer und Hochbeete benötigen eine Drainage. Dieser Raum aus locker liegendem Material (Steine, Keramikscherben, Zweige) sorgt dafür, dass Wasser abfließen kann. Wurzeln können sich aber auch hier ausbreiten.

Informieren Sie sich vorab auch über „Freunde und Feinde" der Pflanzen und über Fruchtfolgen. Bestimmte Pflanzen mögen einige nicht gerne neben sich und bevorzugen andere. Wer dies beherzigt, kann relativ dicht pflanzen und dabei einen hohen Ertrag gesunder Pflanzen erzielen.

TIPP

Fragen Sie bei den Eltern nach, ob jemand noch eine alte Mülltonne hat, die er nicht mehr braucht. Auch eine Zinkwanne oder bei ausreichend Platz eine alte Badewanne eignen sich als Regensammelstelle.

Schritt 2: Vorbereitung und Planung mit den Kindern

Besprechen Sie auch mit den Kindern, welche Art Garten sie zusammen gestalten möchten: Soll es ein Nutzgarten mit Obst und Gemüse sein oder ein Blumenbeet als Insektenfutterstelle? Oder lieber eine gute Mischung aus beidem? Lassen Sie die Kinder ihre Gedanken dazu äußern und greifen Sie möglichst viel davon auf. Auch wenn manche Pflanzen, die sich Kinder wünschen, vielleicht nicht so gut wachsen werden, sollten Sie einen Versuch wagen. So lernen sie, dass es sinnvoll ist, regionale Pflanzen anzubauen oder die Bedingungen anzupassen, z.B. mit einem kleinen Gewächshaus.

TIPP

Beim Anlegen eines größeren Gartens oder beim Bau eines Gewächshauses helfen sicherlich gerne einige Eltern mit! Mit etwas Glück sind erfahrene Gärtner*innen dabei, von deren Wissen Sie und die Kinder profitieren können.

Schritt 3: Garten-Projektplan erstellen

Erstellen Sie einen Aufgaben- und Zeitplan für das Gartenprojekt: Wann soll der Garten z.B. angelegt und bepflanzt werden? Welche Einkäufe müssen wann getätigt werden? So haben Sie einen guten Überblick und können einschätzen, wie viel Zeit Sie für das Projekt Garten einplanen müssen, was es kostet und wer welche Aufgaben übernimmt.
Informieren Sie sich über die Saat- und Pflanzzeiten. In Gartenbüchern finden Sie dafür praktische Kalender (s. Buch- und Linktipps).

Schritt 4: Pflanzen aussäen und pflegen

Schon bevor es draußen ans Pflanzen geht, können Sie mit den Kindern bestimmte Pflanzen im Haus vorziehen. Besonders praktisch ist das bei Tomaten, Gurken und Kürbissen. Kartoffeln können bereits vorkeimen, dann wachsen sie schneller. Kälteempfindliches Gemüse darf dann erst ca. Mitte Mai, wenn es keine Nachtfröste mehr gibt, nach draußen gepflanzt werden.

Ideen und Angebote

KAPITEL 2
Ökologisches Bewusstsein

© everst – Shutterstock.com

Teilen Sie Dienste ein, um die Pflanzen zu wässern und zu pflegen. Einen größeren Garten können viele Kinder gemeinsam bewirtschaften, wenn es dafür Wochentage gibt.

TIPP

Beschriften Sie alle Töpfe und Kisten sowie die Beete sofort nach dem Säen und Einpflanzen. Das geht gut mit einem Marker. Draußen verwenden Sie als Markierung kleine Stöcke, alte Löffel oder Steine.

Schritt 5: Ernten und genießen

Ein Garten, ob groß oder klein, ist viel Arbeit. Doch es macht auch viel Freude, sich mit Erde und Pflanzen zu beschäftigen. Die Kinder lernen täglich vieles, was sie auch als Erwachsene noch wissen werden. Die Krönung des Gartens ist jedoch die Ernte. Wenn die ersten Radieschen rot herausspitzen und schließlich herausgezogen werden, ist es ein wahres Fest. Genießen Sie es alle zusammen und lassen Sie die Kinder am besten direkt probieren, wie das Gemüse schmeckt. Übrigens sind Radieschen weniger scharf, wenn man sie gut gewässert hat. Gesund und köstlich ist auch ihr Grünzeug, was sich gemeinsam mit Gänseblümchen gut im Salat oder als Brotaufstrich macht.

Ideen und Angebote

Komposthaufen

Ein eigener Komposthaufen im Garten der Kita ist ökologisch sinnvoll, bietet interessante Beobachtungsmöglichkeiten und schenkt jedes Jahr guten, nährstoffreichen Humus für neue Pflanzen. Ein Komposthaufen kann ein einfacher Haufen sein. Praktischer ist es aber, wenn Sie einen viereckigen Behälter verwenden, der den Kompost begrenzt. So fällt er bei Regen nicht auseinander. Mit Maschendraht geht das ganz einfach. Je nachdem, wie viele Abfälle dort gesammelt werden sollen, passen Sie die Größe an. Praktisch ist es, gleich zwei Behälter nebeneinander zu bauen. In einem wird frisch gesammelt, aus dem anderen können Sie im Frühjahr schon den Humus entnehmen.

TIPP
Wenn Sie keinen Platz dafür haben, versuchen Sie es mit einem Mini-Komposter, einem sogenannten „Bokashi" (s. Buch- und Linktipps).

So geht's

Schritt 1: Pfosten in die Erde schlagen
Für einen einfachen Behälter setzen Sie vier Pfosten, z. B. je 1 m auseinander im Quadrat. Um die Pfosten schonend in die Erde zu klopfen und ihre oberen Enden nicht zu spalten, setzen Sie ein Holzstück oben auf das Ende und klopfen Sie darauf.

Schritt 2: Maschendraht befestigen
Spannen Sie den Maschendraht, beginnend vorn links oder rechts, seitlich nach hinten und befestigen Sie ihn dort mit ein paar Nägeln oder Krampen. Gerade Nägel schlagen Sie krumm, damit der Zaun nicht herausrutscht. Spannen Sie dann den Maschendraht über die Rückseite nach vorn und heften Sie ihn auch an den anderen zwei Pfosten fest. Führen Sie den Maschendraht vorn wieder entlang zum ersten Pfosten und schneiden Sie ihn mit einem Seitenschneider ab. Auch die Knipsvorrichtung an einer Kombizange eignet sich hierfür gut. Biegen Sie die offenen Drahtenden um, damit sich niemand daran verletzt.

Material

- ✔ Holzlatten, -leisten oder Äste
- ✔ 1 Zange, Seitenschneider
- ✔ Maschendraht/Hasendraht
- ✔ 1 Hammer
- ✔ Nägel
- ✔ Krampen, das sind Nägel in U-Form
- ✔ 1 Schaufel
- ✔ 1 Spaten

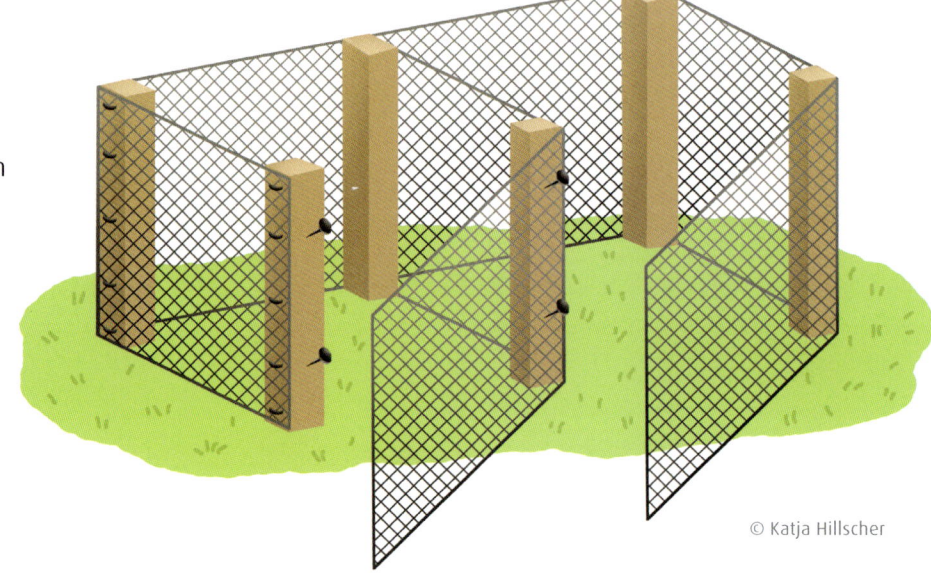

© Katja Hillscher

Ideen und Angebote

KAPITEL 2
Ökologisches Bewusstsein

Schritt 3: Tür bauen

Schlagen Sie nun ein paar Nägel gerade in die erste Latte, aber lassen Sie sie nur ca. 0,5 cm herausstehen. So verletzt sich niemand daran und Sie können den offenen Zaun dort einhängen. Jetzt ist eine Art Tür entstanden. Wenn die Komposterde fertig ist, können Sie die Tür öffnen und den Humus ganz einfach herausschaufeln. Für einen zweiten Kompostbehälter schlagen Sie zwei weitere Pfosten in den Boden, sodass ein weiteres Quadrat entsteht, und befestigen Sie, wie bereits beschrieben, ebenfalls Maschendraht darum herum, inklusive Tür.

Um einen guten Humus zu bekommen, achten sie darauf, immer feuchte, feste, lockere und trockene Abfälle im Wechsel aufzuschichten. Schneiden Sie Abfälle möglichst immer klein.

Das darf auf den Kompost:
- Gartenabfälle – klein geschnitten
- ungekochte und ungewürzte pflanzliche Speisereste
- Eierschalen
- Haare und Horn von Mensch und Tier
- Schneckenhäuser
- Mist von Pferden, Kühen, Ziegen, Schafen, Vögeln, Meerschweinchen usw.
- saubere Holzasche (von unbelasteten Bäumen)
- Sägespäne
- Grasschnitt

Das darf nicht in den Kompost:
- Fleisch und Fisch sowie Knochen, da sie Ratten und andere Tiere anziehen
- stark gespritztes Obst und Zitrusfrüchte mit Wachsschicht
- kranke Pflanzen, wie Tomaten mit Braunfäule
- unerwünschte Pflanzen, Unkraut und deren Samen
- Plastik, bedrucktes bzw. beschichtetes Papier und andere nicht organische Materialien
- Laub, Thuja und Tannennadeln, höchstens nur in ganz kleiner Menge, weil sie zu sauer sind

TIPP

Wenn es sehr wenig regnet und der Kompost auszutrocknen droht, gießen Sie ihn einmal und legen Sie einen alten Teppich, eine Strohmatte oder große Blätter darauf, um etwas Schatten zu spenden und die Feuchtigkeit im Kompost zu erhalten.

Der Kompost ist reif bzw. der Humus ist fertig, wenn sich fast alle Materialien in Erde verwandelt haben. Auch ist zu erkennen, dass die Regenwürmer den Humus verlassen haben. Die wühlen sich nun durch den frischen Kompost nebenan.

© Pixelot – stock.adobe.com

Ideen und Angebote

Kartoffeln im Sack

Kartoffeln lassen sich sehr gut selbst anpflanzen, weil sie wenig Arbeit machen. Lediglich die Vorbereitung muss stimmen. Ab und zu benötigen sie Wasser und eine frische Schicht Erde oder anderes Material, das vor Licht schützt, wie Stroh, Holzspäne oder Grasschnitt. Wenn Sie keinen Garten haben, können Sie Kartoffeln auch in Kisten, Kübeln oder Säcken anpflanzen.

Material

- ✔ Reisig (Zweige)
- ✔ gekaufte Pflanzerde ohne Torf oder Gartenerde gemischt mit Komposterde
- ✔ Bio-Kartoffeln mit Keimen
- ✔ 1 großer Kartoffelsack aus Jute/Sisal
- ✔ ggf. Untersetzer

So geht's

Schritt 1: Den richtigen Platz finden

Entscheiden Sie zuerst, wo der Kartoffelsack stehen soll. Am besten eignet sich ein heller, warmer Ort, jedoch nicht direkt an einer nach Süden ausgerichteten Hauswand, weil es dort zu heiß und trocken werden kann. Auf einer Terrasse oder einem Balkon benötigen Sie einen Untersetzer, um abfließendes Wasser aufzufangen. Krempeln Sie den Rand des Sackes etwa bis zu 30 cm herunter. So hat er einen guten Stand.

Schritt 2: Die Kartoffeln pflanzen und gießen

Bitten Sie die Kinder, etwas Reisig in den Sack zu füllen. Die Zweige sollen relativ klein sein, damit sie eine gute, lockere Drainageschicht bilden und flach liegen. Je nach Größe des Sackes sollte die Schicht 5–10 cm hoch sein. Nun füllen die Kinder etwa 15 cm Erde, gemischt mit Kompost oder frisch gekaufter Erde, in den Sack. Drücken Sie die Erde gut an. Darauf legen die Kinder, je nach Größe der Fläche, drei bis fünf Kartoffeln. Die Keime sollen dabei möglichst nach oben schauen. Darüber füllen die Mädchen und Jungen nun lockere Erde, bis die Keime nicht mehr zu sehen sind, und gießen sie kräftig.

Sobald das Kraut grün heranwächst, müssen die Kinder wieder etwas Erde auffüllen. Das tun sie immer wieder, sodass jeweils die Stiele des Krauts in der Erde verschwinden. Nach und nach krempeln sie dabei den Rand des Sackes wieder nach oben. Gegossen wird regelmäßig, wenn die Erde auszutrocknen droht.

© Angela Lock – Shutterstock.com

Sie sollte jedoch nicht dauerhaft nass sein, da sie sonst faulen könnte.

Schritt 3: Kartoffeln ernten

Irgendwann blühen die Kartoffelpflanzen. Darüber freuen sich ganz besonders die Insekten. Je nachdem, welche Sorten gepflanzt wurden, leuchten sie weiß oder rosa. Wenn das Grünzeug langsam welkt und schließlich schon größtenteils vertrocknet herunterhängt, ist es Zeit, die Kartoffeln zu ernten. Das ist ein spannender Moment für die Kinder. Genießen Sie ihn gemeinsam.

TIPP

Anstatt immer wieder Erde aufzufüllen, können Sie auch Stroh oder Heu von Gräsern sowie Pflanzenmulch aufschichten.

Hinweis

Achten Sie darauf, dass die Kinder weder Kartoffelblüten noch das Grünzeug oder gar die Knollen roh essen! Dies würde zu Bauchschmerzen und Durchfall führen.

Ideen und Angebote

KAPITEL 2
Ökologisches Bewusstsein

Sprossen

Bleiben von der Gartenbepflanzung noch Bio-Saaten übrig, verwenden Sie diese für Sprossen und Keimlinge. Natürlich können Sie auch neue Samen dafür kaufen. Im Bioladen gibt es sogar speziell ausgesuchte Sorten dafür, wie z. B. Radieschen, Bockshornklee und verschiedene Kohlarten.

Material

- ✔ Samen in Bio-Qualität
- ✔ Schraubgläser
- ✔ feines Netzgewebe, z.B. Tüll
- ✔ Gummiringe oder Schnur

So geht's

Schritt 1: Samen einweichen

Zuerst müssen die Samen einweichen. Wie lange, erfahren Sie auf der Sprossensamen-Verpackung. Grundsätzlich können Sie alle Samen einen Tag oder eine Nacht lang einweichen. Das geht gut in den Schraubgläsern, die später auch für die Sprossen vorgesehen sind. Jede Sorte bekommt ein Glas. Füllen Sie dieses etwa halb voll mit Wasser und geben Sie 1 EL Samen hinzu.

© Frolphy – Shutterstock.com

Schritt 2: Samen waschen

Spätestens nach einem Tag müssen die Samen täglich mindestens 2-mal gewaschen werden. Spannen Sie dafür das Netzgewebe über das Glas und fixieren Sie es mit einer Schnur oder einem Gummiring. Schütten Sie das Einweichwasser aus. Füllen Sie neues Wasser ein und schütten Sie auch dieses wieder aus. Wiederholen Sie den Vorgang noch einmal.
Schütteln Sie die Samen wieder nach unten in das Glas. Stellen Sie es mit der Öffnung nach unten schräg in eine Schale, indem Sie es mit der Wand am Schüsselrand anlehnen. Die Sprossen keimen besonders schnell, wenn es warm ist. Auf der Heizung aber könnten sie zu schnell austrocknen, vor allem über Nacht. Suchen Sie also einen warmen, aber nicht zu heißen und hellen Platz aus. Achten Sie darauf, dass die Samen nie zu trocken sind.

Schritt 3: Sprossen essen

Schon nach einem Tag können die Kinder sehen, wie sich die Samen verändern und schließlich kleine, weiße oder grüne Sprossen herausschauen. Das sind die Wurzeln der Samen. Sobald das erste Blatt beginnt, zu wachsen, sind die Sprossen fertig. Man merkt es, wenn das Glas plötzlich richtig voll ist. Die Sprossen schmecken pur, im Salat, auf Brot, im Quark und im Mittagessen.

Hinweis

Bevor die Kinder und Sie von den Sprossen probieren, müssen Sie unbedingt prüfen, ob auch wirklich kein Schimmel entstanden ist. Dieser könnte Durchfälle hervorrufen oder zu Übelkeit führen. Achten Sie also immer auf Sauberkeit und spülen Sie die Sprossen lieber öfter, damit sie gar nicht schimmeln.

Ideen und Angebote

© Inna Dodor – Shutterstock.com

Ideen und Angebote

KAPITEL 2
Ökologisches Bewusstsein

Regrowing

„Regrowing" ist ein recht neuer Trend und bedeutet übersetzt „Wiederwachsen". Dabei handelt es sich um nichts anderes, als aus den Stecklingen einer Pflanze neue Pflanzen wachsen zu lassen. Das funktioniert gut mit Zierpflanzen und vielen Gemüsearten. Probieren Sie mit den Kindern aus, was alles erneut wächst. Sprechen Sie zunächst mit ihnen darüber, welche Abfälle beim Kochen entstehen. Fragen Sie, wie sie verhindern könnten, Lebensmittel wegzuwerfen. Schlagen Sie dann vor, zusammen Reste von Gemüse wachsen zu lassen, um sie dann zu essen.

Material

- ✔ Reste von Gemüse mit Strunk/Trieb/Wurzeln
- ✔ Gläser
- ✔ Pflanztöpfe und Untersetzer
- ✔ 1 Gießkanne
- ✔ Pflanzenerde, z.B. Anzuchterde, gesiebter Kompost gemischt mit Sand

© Csisson8 – Shutterstock.com

So geht's

Schritt 1: Gemüseabfälle sammeln

Sammeln Sie z.B. beim Zubereiten eines gemeinsamen Essens die Gemüseabfälle oder bitten Sie die Kinder darum, welche mitzubringen. Diese Gemüsesorten eignen sich zum Wiederwachsen:
- Frühlings-/Lauchzwiebeln
- Staudensellerie
- Rote Bete
- Karotten
- Fenchel
- Lauch
- Chinakohl
- Salate, die den Wurzelstrunk noch besitzen (Romana, Feldsalat)
- Knoblauch und Zwiebeln (hier am besten die nehmen, die schon austreiben)

Schritt 2: Den Strunk zum Keimen bringen

Schneiden Sie den Strunk ab, dabei lassen Sie etwas mehr Gemüse dran als sonst, etwa 5 cm.
Setzen Sie ihn in ein Glas und füllen Sie etwa 2 cm Wasser hinein. Stellen Sie das Glas an einen hellen Standort, jedoch nicht direkt auf die Heizung. Wechseln Sie das Wasser mindestens einmal täglich.

Schritt 3: Den Strunk in die Erde pflanzen

Nach etwa ein paar Tagen treibt der Strunk aus, d.h., es bilden sich neue Wurzeln. Nun können Sie ihn in einen Blumentopf pflanzen. Setzen Sie den Strunk hinein, umgeben Sie ihn mit etwas Erde, am besten Anzuchterde, und drücken Sie sie an. Gießen Sie die Pflanze regelmäßig leicht, sodass die Erde nicht austrocknet, aber auch keine Staunässe entsteht.

TIPP

Wenn Sie statt der Blumentöpfe größere Gläser verwenden, können die Kinder sehen, wie sich die Wurzeln bilden und wo das Wasser sich absetzt. Damit keine Staunässe entsteht, legen Sie eine Drainage aus Steinen oder Tonscherben auf den Boden.

Ideen und Angebote

Saatbomben

Kleine Kugeln, gefüllt mit Saatgut, für eine Insektenweide oder für ein Überraschungsbeet sind ein prima Geschenk. Sie lassen sich einfach selbst herstellen.

Material

- Saatgut
- Erde
- Sand
- Lehm (alternativ Speisestärke oder Mehl)
- Schaufel
- Eimer
- Schüsseln
- Kanne oder Flasche mit Wasser

So geht's

Schritt 1: Zutaten besorgen

Kaufen Sie das Saatgut oder sammeln Sie es bereits im Herbst des Vorjahres von blühenden Pflanzen. Auch die Eltern und Großeltern spenden sicherlich gern einige Samen. Achten Sie aber darauf, dass es heimische Pflanzen sind, die Sie als Blühpflanzen für eine Bienenweide oder als Gemüsepflanzen für ein kleines Beet verwenden können.

Erde und Lehm können Sie ebenfalls kaufen. Günstiger und ökologischer ist es, die Erde aus dem Kompost oder von einem Maulwurfshügel zu verwenden. Suchen Sie mit den Kindern eine Stelle, an der es Lehm gibt, z. B. in Baugruben. Oft wissen die Eltern, jemand aus der Gemeinde oder Verwaltung, wo Lehm zu finden ist. Wenn es eine Haus-Baustelle oder Kanalbaustelle in der Nähe gibt, die nicht direkt in der Straße ist, fragen Sie nach, ob Sie einen Eimer voll Lehm haben dürfen. Sand holen Sie aus dem Kita-Sandkasten.

> **TIPP**
>
> Anstelle von Lehm oder Ton können Sie auch eine Mischung aus Mehl oder Speisestärke mit Wasser verwenden. Probieren Sie aus, welche Mengen sich für die Erde eignen, denn das variiert je nach Beschaffenheit der Erde stark.

© Genitchka – shutterstock.com

Ideen und Angebote

KAPITEL 2
Ökologisches Bewusstsein

© Miriam Doerr Martin Frommherz – Shutterstock.com

Schritt 2: Zutaten mischen
Schütten Sie alle Samen in eine große Schüssel. Notieren Sie vorher die Namen der jeweiligen Pflanzen am PC und wie die Saatbomben verwendet werden. Legen Sie den Zettel den Saatbomben-Geschenken bei. Wenn Sie Samen sehr unterschiedlicher Pflanzen haben, sortieren Sie sie nach deren Ansprüchen in mehrere Schüsseln: schattig, halbschattig, sonnig, viel oder wenig Wasser.

Die Kinder mischen in einem Eimer Erde mit etwas Sand, sodass sie locker genug ist, um die Samen gut aufzunehmen. Die Erde soll keine größeren Äste, Blätter und andere Teilchen enthalten, damit sie gut formbar ist und die Samen sich darin schnell entwickeln können. Nun können die Kinder auch die Samen hineingeben und gut mischen. Das geht am besten mit zwei Händen. Ist der Lehm recht trocken, gießen die Kinder erst etwas Wasser dazu und kneten ihn durch, bis er geschmeidig ist wie dicke Knete. Bevor der Lehm zur Erde-Saaten-Mischung kommt, können die Kinder auch schon Portionen abteilen, sodass jedes Kind eine Handvoll Erdmischung mit Lehm zusammenknetet. Es soll so viel Lehm zugefügt werden, dass die Mischung zusammenhält und nichts mehr abbröselt. Dafür ist evtl. noch etwas Wasser nötig, am besten tauchen die Kinder nur ihre Finger hinein und kneten dann weiter.

Schritt 3: Kugeln formen und Saatbomben werfen
Am Schluss formen die Kinder kleine Kugeln von etwa 2–4 cm. Lassen Sie sie dann mehrere Tage, am besten auf der Heizung oder auf dem sonnigen Fensterbrett, trocknen. Bei Feuchtigkeit könnten die Samen vorzeitig anfangen, zu keimen.
Nun können die Kinder die Saatbomben verwenden, indem sie sie auf die Erde werfen und kräftig angießen. Wenn es nicht regnet, gießen Sie sie ab und zu, damit die Samen nicht austrocknen. Schneiden Sie die Pflanzen nicht ab, sobald sie blühen, sondern erfreuen Sie sich gemeinsam an den Insekten, die Sie besuchen.

Ideen und Angebote

Pflanzenwachstum mit Bohnen beobachten

Bohnen eignen sich besonders gut, um zu beobachten, wie Pflanzen sich entwickeln und was sie dafür benötigen, weil sie schnell keimen und wachsen. Dabei ist nicht nur der Samen besonders groß, sondern auch die Bohnenpflanze selbst kann riesig werden. Durch die Beobachtungen lernen Kinder verschiedene Stadien des Wachstums einer Pflanze kennen und erleben, wie lange es dauert, bis tatsächlich essbare Bohnen zu ernten sind. Das hilft, Lebensmittel und Pflanzen mehr zu schätzen und bewusster mit der Natur umzugehen.

© kasparart – stock.adobe.com

Feuerbohne im Glas

Material

- ✔ 1 großes Glas, z. B. Weckglas
- ✔ Mullbinde oder Mulltuch
- ✔ Bohnensamen, am besten Feuerbohnen
- ✔ 1 langer Stock
- ✔ 1 großer Blumentopf mit Erde oder Platz im Garten

So geht's

Geben Sie etwas Mull in die Mitte des Glases. Es darf geknüllt werden und sollte etwa so groß sein wie eine kleine Kinderfaust. Legen Sie zwei bis drei Bohnensamen auf eine Falte des Mulls, relativ weit unten im Glas. Gießen Sie vorsichtig, sodass der Boden leicht mit Wasser bedeckt ist. Stellen Sie das Glas an einen hellen Platz – nicht auf die beheizte Fensterbank und nicht direkt in die Sonne.
Beobachten Sie täglich mit den Kindern, was passiert, fotografieren Sie die Entwicklung und besprechen Sie gemeinsam die Beobachtungen. Wenn die Bohnenpflanze zu groß für das Glas wird, darf sie in den Garten oder einen Blumentopf mit Erde ziehen. Ein langer Stock dient als Rankhilfe.

© Levent Konuk – shutterstock.com

64 | MIT KITA-KINDERN DIE ERDE SCHÜTZEN

Ideen und Angebote

KAPITEL 2
Ökologisches Bewusstsein

Die Bohne sucht nach Licht

Material

- 1 großer Schuhkarton
- Pappe
- Klebeband (Malerkrepp)
- 1 Cutter oder Schere
- 1 kleiner Blumentopf mit Untersetzer
- Pflanzenerde
- Bohnensamen (Stangen- oder Buschbohnen)

So geht's:

Schritt 1: Schuhkarton zuschneiden
Zuerst schneiden Sie auf einer der kurzen Seiten des Schuhkartons ein Loch von etwa 5 cm hinein. Stellen Sie den Karton so auf, dass das Loch oben ist und die Schachtelöffnung zu Ihnen schaut.

Schritt 2: Pappe als Zwischenetage einsetzen
Schneiden Sie eine Pappe zu, die waagerecht genau in den Schuhkarton passt, um als Zwischenfach zu dienen. Rechts und links messen Sie noch jeweils 2 cm mehr dazu. Markieren Sie diese Zugabe als Kleberand, indem Sie mit der Schere an einem Lineal entlangfahren. Nun können Sie die Pappe hier falzen. Schneiden Sie genau in der Mitte ein, sodass Sie den Falz einmal nach oben und einmal nach unten biegen können. Schneiden Sie auch in die Pappe ein Loch von ca. 5 cm ein. Es soll später jedoch nicht genau an der gleichen Stelle sein wie das im Karton. Jetzt lässt sich mithilfe des Falzes die Pappe als Zwischenfach einkleben. Benutzen Sie Klebstoff oder Klebeband dafür. Wenn der Karton groß genug ist, können Sie auch zwei Etagen einbauen.

Schritt 3: Deckel als Tür verwenden
Damit es im Karton recht dunkel ist, basteln Sie aus dem Deckel eine Tür. Dafür schneiden Sie zwei der Eck-Kanten ein, sodass Sie eine der Seiten an den Karton kleben können. Ob die Tür nach oben, unten oder seitlich aufgeht, bestimmen Sie damit selbst.

Schritt 4: Blumentopf gießen und beobachten
Geben Sie etwas Erde in den Topf, legen Sie die Bohne hinein und bedecken Sie diese wiederum mit Erde. Gießen Sie die Erde leicht an und stellen Sie den Blumentopf mit Untertopf unten in den Karton. Stellen Sie den Karton an einen hellen Ort, jedoch nicht auf eine beheizte Fensterbank, damit die Erde nicht zu schnell austrocknet. Gießen Sie alle paar Tage nur so viel, dass die Erde nicht zu sehr austrocknet. Nun müssen Sie täglich mit den Kindern nachsehen, was passiert: Gehen Sie dafür an einen dunkleren Platz, damit wenig Licht in den Karton fällt, wenn er geöffnet wird, oder öffnen Sie die Kiste nur jeweils einen kleinen Spalt.

Schritt 5: Dokumentieren
Besprechen Sie abschließend, was die Kinder beobachtet haben und welche Schlüsse sie aus ihren Beobachtungen ziehen. Pflanzen brauchen z. B. Licht, um zu wachsen und zu leben. Wenn nicht genug da ist, wachsen sie der Sonne entgegen. Dokumentieren Sie die Beobachtungen der Kinder schriftlich und mit Fotos.

TIPP

Wenn möglich, pflanzen Sie die Bohnen anschließend ins Freie, damit sie dort weiterwachsen können.

© Katja Hillscher

Ideen und Angebote

Bohnen im Garten

Material:

- ✔ ggf. Pflanzerde
- ✔ Bohnensamen (Stangenbohnen, am besten Feuerbohnen)
- ✔ lange Stöcke
- ✔ Bindfaden oder Bastschnur

So geht's

Suchen Sie mit den Kindern einen Platz im Garten, der sonnig genug ist, um dort Bohnen anzupflanzen. Praktisch ist ein Platz an einem Zaun. Der Boden sollte frei von Unkraut, locker und frisch sein. Eventuell müssen Sie etwas frische Erde oder Humus aus dem Kompost aufschütten. Wenn kein Zaun vorhanden ist, suchen Sie mit den Kindern im Wald lange Stöcke und stecken Sie drei davon mit Abstand von ca. 20–30 cm in den Boden. Binden Sie die Stöcke oben zusammen (wie Stangen für ein Tipi). Drücken Sie je zwei bis drei Bohnensamen vor je einem Stock in die Erde und geben Sie etwas Erde darüber. Gießen Sie etwas Wasser um die Bohnensamen herum. Beobachten Sie täglich mit den Kindern, was passiert, und sorgen Sie dafür, dass die Erde nicht austrocknet.

TIPP

Interessant ist es, verschiedene Bohnensorten zu pflanzen und zu beobachten. Sie wachsen unterschiedlich schnell, hoch und sehen ganz verschieden aus. Pflanzen Sie zusätzlich niedrige Buschbohnen daneben, um sie zu vergleichen. Damit der Boden um die Bohnen herum nicht austrocknet, können Sie dort Pflücksalat säen, der sich gut zum Mittagessen oder für die Brotzeit eignet.

Lebensmittel kennenlernen

In Deutschland gibt es zum Glück genug Lebensmittel. Meist nehmen wir gar nicht bewusst wahr, was wir essen und trinken. Im Alltag muss es oft ganz schnell gehen. Wo unsere Lebensmittel herkommen, darüber müssen wir uns ebenfalls kaum Gedanken machen, denn an jeder Ecke gibt es einen Supermarkt mit einem riesigen Sortiment. Lebensmittel sind in Deutschland so reichlich vorhanden, dass sie für die meisten von uns selbstverständlich sind.

Unser Essen

Ermöglichen Sie den Kindern in der Kita deshalb, sich bewusst mit Lebensmitteln auseinanderzusetzen. Wie schmecken sie? Wie riechen sie? Wo kommen sie her? Die Kinder finden heraus, ob sie für sie und die Umwelt gesund sind. Dazu überprüfen sie z. B., ob sie verpackt sind und wo sie erzeugt wurden. Je nachdem, ob in Ihrer Kita die Kinder selbst etwas zu trinken mitbringen oder alle etwas bekommen, variieren Sie das Vorgehen.

Material

- ✔ Papier
- ✔ Plakatkarton
- ✔ Stifte
- ✔ Klebstifte
- ✔ Prospekte von Lebensmittelgeschäften und Restaurants
- ✔ internetfähiger PC, Laptop oder Tablet

So geht's

Vergleichen Sie eine Woche lang das Frühstück der Kinder. Am besten geht das, wenn Sie für das Projekt eine etwas kleinere Gruppe bestimmen und sich mit ihr an einem Gruppentisch treffen. Schlagen Sie vor, heute mal genauer hinzuschauen, was die Kinder jeden Tag essen und trinken. Die Mädchen und Jungen packen ihre mitgebrachten Speisen und Getränke aus und stellen sie vor sich auf den Tisch. Nun schauen Sie gemeinsam nacheinander an, was die Kinder mitgebracht haben.

Ideen und Angebote

KAPITEL 2
Ökologisches Bewusstsein

© Anastasia_Panaithung – Shutterstock.com

Fragen Sie z. B.
- Schmeckt dir dein Frühstück?
- Wie schmeckt es genau?
- Weißt du, was das ist?
- Woraus wird es gemacht?
- Woher kommt es wohl?
- Könntest du dir vorstellen, etwas anderes zu essen, das dir schmeckt und vielleicht gesünder ist, und was?
- Wie ist es verpackt?
- Ist die Verpackung notwendig?
- Gäbe es eine umweltfreundlichere Alternative für die Verpackung?

Wichtig ist, dass niemand bewertet wird, denn es soll kein Wettbewerb stattfinden, sondern ein Bewusstmachen. Die Kinder sollen Freude daran haben, Lebensmittel kennenzulernen und bewusster wahrzunehmen.

TIPP

Wenn Sie nicht alle Zutaten kennen oder nicht wissen, woher sie kommen, fotografieren oder notieren Sie diese und recherchieren Sie später gemeinsam im Internet. Oder bitten Sie die Kinder, zu Hause nachzufragen.

TIPP

Stellen Sie mit den Kindern eine Landkarte der Lebensmittel zusammen, die beim Kita-Frühstück gegessen und getrunken wurden. Dafür eignet sich eine große Weltkarte, die mit Klebezetteln oder Pins versehen wird. Wenn Sie zusammen herausgefunden haben oder zumindest vermuten, woher die Lebensmittel stammen, pinnen Sie jeweils eine Nadel oder kleben einen Zettel an den Ort. So sehen die Kinder, wie weit die Lebensmittel, die sie frühstücken, bereits gereist sind.

Ideen und Angebote

Milchprojekt

Wissen die Kinder, woher die Milch kommt, die viele von uns täglich trinken? Bei diesem Projekt erfahren sie, wie die Milch in die Flasche oder den Tetrapack kommt, welche Belastung die Milchproduktion für die Umwelt und für Tiere ist. Und sie überlegen gemeinsam, wie es möglich ist, diese Belastungen zu verringern.

▶ 1. Tag: Wir sprechen über Milch

Material

- ✔ Milch
- ✔ Gläser

So geht's

Bieten Sie den Kindern einen Schluck Milch an und stellen Sie die Milchflasche auf einen Tisch. Fragen Sie z. B.:

1. Was trinkt ihr da?
   → Milch, Kuhmilch

2. Was ist Milch?
   → Milch wird von Muttertieren für ihre Kinder produziert. Auch Menschen geben Babys Milch, damit sie schnell wachsen. In ihr stecken nämlich viele Vitamine und andere gute Sachen.

3. Von welchem Tier stammt diese Milch?
   → Von Kühen.

4. Gibt es auch Milch von anderen Tieren zu kaufen?
   → Wir können auch Milch von Ziegen und seltener Schafen, Eseln und Kamelen kaufen.

5. Warum trinken die meisten von uns Tiermilch, vor allem Kuhmilch?
   → Kuhmilch kann einfach in großen Mengen produziert werden, denn die Kühe wurden dafür so gezüchtet. Es gibt Maschinen, die beim Melken helfen. Kuhmilch enthält viel Kalzium und Vitamine, die wir für unseren Körper benötigen. Und sie schmeckt gut. Weil wir auch Kühe bzw. Rinder essen, halten wir sowieso viele von ihnen. Ziegenmilch und die von anderen Tierarten ist oft sogar viel gesünder für uns Menschen. Die Tiere geben aber nicht so viel Milch und sind schwieriger zu melken. Auch ist die Tierhaltung anders und sie können nicht so oft Kinder bekommen, um dann wieder Milch zu geben.

6. Was wird aus Milch hergestellt?
   → Aus Milch wird Käse, Quark, Sahne, Butter, Buttermilch, Joghurt u. v. m. hergestellt.

7. Warum ist es ein Problem für die Umwelt, wenn wir viel Milch verbrauchen?
   → Kühe brauchen viel Futter, das in der Massentierhaltung vor allem aus Getreide besteht. Dafür sind große Anbauflächen nötig, die mit Pestiziden belastet werden. Weidetiere, wie Kühe, haben mehrere Mägen, in denen sie das Essen verdauen. Dabei entsteht viel Gas, worunter sich auch Methangas und CO_2 befinden, dass sie dann auspupsen. Für die Umwelt ist das schädlich. Je mehr Rinder wir halten, desto schädlicher. Ihren Kot und Urin verwenden die Bauern als Dung für ihre Felder. Leider ist es oft so viel, dass Böden, Grundwasser und Bäche dabei mit Nitrat verseucht werden. Hier wachsen dann weniger Pflanzen, leben weniger Tierarten und das Wasser ist für uns nicht mehr gesund.

8. Was können wir tun, um Umwelt und Tiere besser zu schützen?
   → Wir können weniger Milch trinken und weniger Milchprodukte kaufen. Wenn wir auf Bio-Produkte umsteigen, wird gewährleistet, dass die Tiere bessere Lebensbedingungen haben. Und Weidemilch stammt von Kühen, die draußen grasen dürfen. Mit Mehrwegverpackungen, wie Glas, reduzieren wir Müll. Wenn wir direkt bei einem Bauern einkaufen oder auf einem Markt, dann erhält er mehr Geld für die Milch. Eine weitere Möglichkeit ist, auf Milchalternativen umzusteigen, wie z. B. Margarine anstelle von Butter oder auf Hafermilch.

Ideen und Angebote

KAPITEL 2
Ökologisches Bewusstsein

▶ 2. Tag: Wir besuchen einen Milchviehbetrieb

Besuchen Sie mit den Kindern einen Milchviehbetrieb oder einen Zoo, der auch Rindvieh hält. Regen Sie an, die Tiere genau zu betrachten:
- Welche Geräusche machen sie?
- Wie riechen sie?
- Wie fühlen sie sich an?
- Was essen sie?

Wenn möglich, dürfen die Kinder auch das Futter betrachten, anfassen und daran riechen. Vielleicht können Sie direkt auf dem Hof Milch kaufen? Rohmilch müssen Sie für die Kinder kurz erhitzen, ca. 60–80 Grad, ehe sie anfängt, zu kochen, damit sie keimfrei ist.
Reflektieren Sie in der Kita gemeinsam das Erlebte. Gestalten Sie mit den Kindern ein Wandbild, um ihre Eindrücke und ihr neues Wissen festzuhalten.

▶ 3. Tag: Wir kaufen Milch ein

Gehen Sie mit den Kindern in einen Supermarkt, zu einem Bio- oder Hofladen oder auf den Markt. Teilen Sie die Kinder in Gruppen auf. Kaufen Sie Kuhmilch, wenn möglich, auch Ziegenmilch, süße Sahne (Schlagrahm), Joghurt und zarte Bio-Haferflocken

In der Kita vergleichen die Kinder zunächst die Verpackungen der Produkte: Was sind Mehrweg- und was sind Einwegverpackungen? Nun prüfen sie den Geschmack der Produkte. Schmecken die Kinder einen Unterschied? Gibt es auch optische Unterschiede und riechen sie anders?

© DONOT6_STUDIO – Shutterstock.com

Praxisangebote für mehr Nachhaltigkeit in der Kita

Ideen und Angebote

▶ 4. Tag: Wir machen Joghurt selbst

Material

- ✔ Thermometer für Lebensmittel
- ✔ H-Milch (frische Milch müsste vorab auf ca. 70 Grad erhitzt werden)
- ✔ 1 großer Topf
- ✔ 1 kleine Schüssel
- ✔ 1 Esslöffel
- ✔ 1 Joghurt, 3,5% Fett
- ✔ Joghurtbereiter oder Wärmflasche und Styroporkiste (oder andere Kiste plus Wolldecke oder Daunenkissen)
- ✔ mehrere kleine Schraubgläser, heiß ausgewaschen

So geht's

Erwärmen Sie 1 l H-Milch auf 40 Grad. Geben Sie etwas warme Milch in die Schüssel und rühren Sie ca. 1–2 EL Joghurt hinein. Rühren Sie die Joghurt-Milch in die warme Milch.
Verteilen Sie den noch flüssigen Joghurt in die Gläser und schrauben Sie sie zu. Stellen Sie die Gläser in den Joghurtbereiter oder die Kiste. Den Joghurtbereiter können Sie auf ca. 6–8 Stunden stellen oder eine Wärmflasche in die Kiste legen, die auf ca. 50 Grad erwärmt wurde. Legen Sie darüber ein Kissen oder eine Decke, um die Wärme zu halten. Wechseln Sie nach drei Stunden die Wärmflasche aus, wenn nötig. Nach ca. 6–8 Stunden können Sie die Gläser herausholen. Bitte nicht schütteln. Stellen Sie die Gläser sofort kühl. Nach ein paar Stunden ist der Joghurt fest und kann verzehrt werden.

© TrudiDesign – stock.adobe.com

▶ 5. Tag: Wir stellen Hafermilch selbst her

Material

- ✔ 200g zarte Haferflocken (Bio)
- ✔ 1 l Wasser
- ✔ große Karaffe, Kanne
- ✔ 1 Dattel
- ✔ Mixer oder Pürierstab
- ✔ Schüssel
- ✔ Nussmilchbeutel oder sehr feines, glattes Tuch/ Gewebe, am besten als Beutel

So geht's

Füllen Sie Wasser in die Kanne, geben Sie die Haferflocken dazu und lassen Sie das Haferwasser über Nacht stehen. Geben Sie eine Dattel dazu. Pürieren Sie das Haferwasser mit dem Pürierstab sehr fein. Waschen Sie sich alle nun gründlich die Hände. Mithilfe eines Beutels pressen Sie gemeinsam die Hafermilch heraus. Dafür halten Sie den Beutel über eine Schüssel, füllen die Flüssigkeit hinein und pressen und drehen Sie den Stoff vorsichtig zusammen, bis nur noch ein Klumpen Brei übrig bleibt.
Füllen Sie die Milch nun in eine Kanne und stellen Sie sie kühl. Verbrauchen Sie sie innerhalb der nächsten drei Tage. Den Brei können Sie für Bratlinge, vegane Bolognese oder für Müsli verwenden. Die Kinder essen ihn vielleicht auch gerne einfach so.

TIPP

Im Sommer können Sie den Joghurt draußen warm stellen. Am besten geht das in einem dunklen Eimer, den Sie mit einem Tuch oder Brett zudecken. Stellen Sie ihn je nach Witterung und Sonnenstand so auf, dass es darin nicht zu heiß wird.

TIPP

Wenn Sie Hafermilch anwärmen, dickt sie ein und kann so als Sahne verwendet werden.

Die Eltern

Gemeinsam auf Kräuterwanderung gehen

Eine Kräuterwanderung lohnt sich besonders im Frühjahr, von Anfang Mai oder sogar bereits Ende April bis hin zum Frühsommer, denn dann wachsen die meisten frischen Kräuter.

Material

- 1 Fotoapparat
- Notizblock und Stift
- Stoffbeutel, Körbe
- Scheren, Messer
- Bestimmungsbücher
- Ausdrucke von bestimmten Pflanzen
- Erste-Hilfe-Set (evtl. mit Zeckenzange)

So geht's

Schritt 1: Vorbereitung

Laden Sie die Eltern und Großeltern zu Ihrer Wildkräuterwanderung ein, um gemeinsam mit den Kindern die Natur in der Umgebung besser kennenzulernen und nützliche Kräuter zu erkennen, zu sammeln und später sogar zu essen. So haben Sie gleichzeitig auch mehr Begleitpersonal, um Kleingruppen zu bilden, damit alle in Ruhe suchen und Kräuter bestimmen können.
Suchen Sie bereits vorher einen geeigneten Platz für die Kräuterwanderung. Dafür eignet sich eine große Wiese, die an einen Wald grenzt, oder ein Park mit naturbelassenen Wiesenabschnitten, die betreten werden dürfen. Falls nötig, fragen Sie um Erlaubnis. Wichtig ist, dass es keine Hundewiesen sind und sie abseits von viel befahrenen Straßen liegen.

© Jiri Hera – stock.adobe.com

Schritt 2: Kräuter-Suchspiel

Für das Kräuter-Suchspiel müssen Sie wissen, welche Pflanzen auf der ausgesuchten Wiese wachsen. Sehen Sie sich dafür vorher um und machen Sie Fotos und Notizen. Gute Bilder finden Sie auch im Internet. Drucken Sie die Bilder in Postkartengröße aus, am besten auf festen Karton, und legen Sie sie zu den anderen Materialien für den Ausflug. Notieren Sie sich die wichtigsten Infos zu den Pflanzen (Name, Heilwirkung oder Verarbeitung) auf der Rückseite der Bilder oder auf einem extra Papier.

Bevor Sie das Spiel beginnen, klären Sie alle über die folgenden Regeln auf:
- Pflücke nur, was wir vorher besprochen haben.
- Iss niemals eine Pflanze, von der du nicht ganz sicher bist, ob sie essbar ist.
- Pflücke nie alle Pflanzen einer Art ab, sodass sie nachwachsen können und Tiere weiterhin genug Nahrung haben.
- Achte darauf, wo du hintrittst: Auch in der Natur könntest du dich verletzen. Es könnten Bienen oder Wespen auf niedrigen Blüten sitzen, manchmal liegen Scherben herum oder es gibt lange Dornen, an denen du dich stechen kannst.

> **Hinweis**
>
> Fragen Sie den*die Eigentümer*in des Grundstücks um Erlaubnis, damit es später keine Schwierigkeiten gibt, wenn Sie mit einer Gruppe Kindern und Erwachsenen dort nach Kräutern suchen. Im Frühjahr sind die Wiesen noch im Wachstum, sodass es kein Problem sein dürfte, sie zu betreten. Im Sommer wird es schwieriger, da das Gras für die Heuernte nicht heruntergetreten werden darf.

Die Eltern

Sobald Sie alle auf der Wiese sind, setzen Sie sich gemeinsam hin und schärfen Ihre Sinnesorgane. Fragen Sie: Was seht ihr? Was riecht ihr? Was hört ihr? Wie fühlt sich das Gras an? Dann teilen Sie die Bilder aus. Jede Kleingruppe bekommt mindestens ein Foto und soll die abgebildete Pflanze finden. Sobald sie sie entdeckt haben, warten sie dort oder sagen Bescheid, damit die anderen sie auch sehen können. Jede*r kann dann seine*ihre gefundene Pflanze zeigen und benennen. Sprechen Sie über die Pflanze: ist sie essbar? Welche Heilkräfte oder anderen Eigenschaften hat sie noch? Lassen Sie die Kinder und Eltern noch weitere Pflanzen entdecken. Bitten Sie auch darum, bestimmte Pflanzen zu sammeln, die Sie dann später gemeinsam zubereiten, wie z.B. Gänseblümchen, Löwenzahn, Spitzwegerich, Brennnessel oder Minze. Natürlich dürfen alle immer wieder probieren.

Schritt 3: Kräuter zubereiten

Zurück in der Kita, sortieren Sie die Kräuter gemeinsam, um sie zuzubereiten. Warten Sie nicht bis zum nächsten Tag damit, da sie dann meist schon an Kraft und Inhaltsstoffen verloren haben.

1. Konservieren für Tee oder als Gewürz

Einige Pflanzen lassen sich gut trocknen, um sie z.B. als Tee zu verwenden oder zum Bestreuen eines Salates. Achten Sie darauf, dass die Pflanzen möglichst schnell trocknen und keine direkte Sonne abkriegen, da ihnen so zu viele Nährstoffe entzogen werden. Wählen Sie eine luftige, windige und warme Umgebung, wie z.B. unter einem Vordach. Hängen Sie die Pflanzen an ihrem Stiel mit Schnüren auf oder trocknen Sie die Blätter auf Papier. Große, flache Körbe eignen sich dafür auch gut.

2. Pesto und Paste zubereiten

Fast alle frischen Kräuter, die nicht zu bitter schmecken, lassen sich gut als Paste anrühren. Wer es noch etwas mediterraner und deftiger mag, stellt Pesto her. Gut eignen sich dafür z.B. Brennnesseln, Bärlauch, Gänseblümchen, Löwenzahnblätter und -blüten.
Für die Paste zerrupfen Sie die Blätter und je nach Geschmack auch die Blüten der Pflanzen und pürieren sie mit Salz und Öl. Für eine Kinderhand Kräuter reichen ein Teelöffel Salz und ein Esslöffel Öl. Geben Sie die feine Paste in ein Schraubglas, streichen Sie sie glatt und tropfen Sie vorsichtig Öl auf die Oberfläche. Wenn Sie später nach dem Verzehr immer etwas Öl auf die Oberfläche des Restes geben, hält sich die Paste einige Wochen im Kühlschrank.
Für das Pesto geben Sie zusätzlich noch einen Esslöffel Käse, wie z.B. Parmesan, und ebenso viele Nüsse oder Sonnenblumenkerne dazu. Geben Sie so viel Öl hinzu, dass eine sämige Paste entsteht. Füllen Sie auch hier wieder etwas Öl auf, sodass die Oberfläche stets bedeckt ist.

3. Als Salat zubereiten

Alles, was pur gut schmeckt, kann als Salat mit einfachem Dressing frisch zubereitet werden.

4. Zum Würzen deftiger Gerichte

Viele Kräuter lassen sich gut kurz andünsten. Damit verlieren sie oft ihren bitteren Geschmack und entfalten ein köstliches Aroma. Mischen Sie die Kräuter anschließend z.B. in Rühreier, Nudelsoßen, oder füllen Sie Pfannkuchen damit.

5. Als Brotbeilage

Gehackt mit Quark oder Frischkäse direkt aufs Brot, schmecken Kräuter am allerbesten.

© natashamam35 – stock.adobe.com

Die Eltern

KAPITEL 2
Ökologisches Bewusstsein

© Goran Bogicevic – Shutterstock.com

Eine Landkarte für regionale Bioläden gestalten

Eine gemeinsame Aktion mit den Eltern zum Thema Umwelt trägt zum ökologischen Bewusstsein der ganzen Familie bei.

Material

- ✔ Stifte
- ✔ großes Blatt Papier

So geht's:

Bei einem Aktionstag oder als Hausaufgabe vergeben Sie folgende Suchaufträge:

1. Wo gibt es in der Gegend regionale und biologische Produkte zu kaufen?
2. Wo gibt es Floh- und Tauschmärkte?
3. Wo gibt es ein Repair-Café?
4. Wo gibt es Abgabestellen für übrig gebliebenes Essen?
5. Interessant sind auch Obstbäume, Beerensträucher und Nussbäume, die abgeerntet werden dürfen.

Tragen Sie die Ergebnisse in eine Landkarte ein, die die Eltern mit den Kindern selbst zeichnen. Möglich ist auch, eine Landkarte in einem Copyshop groß auszudrucken oder sie auf die Kita-Webseite zu stellen und sie mit Links zu versehen.

74 | MIT KITA-KINDERN
DIE ERDE SCHÜTZEN

KAPITEL 3
Nachhaltigkeit

Nachhaltigkeit bedeutet in Bezug auf die Themen Klima- und Umweltschutz, unsere Ressourcen so zu nutzen, dass die Erde sich wieder erholen kann und für nachfolgende Generationen erhalten bleibt. Wenn wir in die Natur eingreifen, hat das immer Konsequenzen für andere Bereiche eines Ökosystems. Roden wir z. B. riesige Flächen eines Regenwaldes, nehmen wir anderen Lebewesen damit den Lebensraum und die Nahrungsquelle. Sie wandern aus oder sterben. Auf der Erde wird weniger Sauerstoff produziert und weniger CO_2 aufgenommen. Das verstärkt den Treibhauseffekt. Letztendlich gerät das Ökosystem so aus dem Gleichgewicht. Um die Ressource Holz nachhaltig zu nutzen, dürften wir also nicht mehr Bäume fällen, als wieder neue nachwachsen können. Dazu braucht es nämlich sehr viel Zeit. Möglich ist auch, Bäume zu pflanzen. Allerdings dauert es sehr lange, bis sie sich zu einem gut funktionierenden Ökosystem entwickeln.

Fragen und Wissen

Warum ist Müll ein Problem?

Müll ist all das, was nicht von der Natur zersetzt werden kann. Er bleibt also, wenn wir ihn nicht entsorgen oder recyceln. Müll entsteht, wenn wir Produkte produzieren, sie irgendwann nicht mehr brauchen bzw. wollen oder sie kaputtgehen. Aufgrund unserer Lebensweise entsteht leider sehr viel Müll. Er besteht aus Kunststoffen, Metallen und Seltenerdmetallen, die z. B. bei der Produktion von Smartphones verwendet werden. Auch Giftstoffe landen häufig im Müll, z. B. durch Medikamente, Säuren, Laugen oder Farben.
Der meiste Müll wird in den reicheren Ländern produziert. Bereits seit Längerem ist es so viel, dass wir gar nicht so recht wissen, wie wir ihn umweltfreundlich entsorgen können. In Deutschland haben wir zwar moderne Anlagen, um ihn zu sortieren, zu verbrennen oder zu recyceln. Ein Großteil wird dennoch ins Ausland verschickt, wo er dann oft auf offenen Deponien landet. Von dort aus gelangen Plastikteile ins Meer und Gifte versickern im Boden. Auch die Menschen vor Ort leiden unter unseren Müllbergen. Die beste Lösung wäre: weniger Müll zu produzieren.

Warum ist Plastik ein Problem?

Plastik, also Kunststoffe, die aus Mineralöl hergestellt werden, lösen sich nicht auf. Sie bleiben sehr lange erhalten und müssen aufwändig entsorgt werden. Einige Kunststoffe setzen schädliche Zusätze frei, wenn sie erwärmt werden oder mit Säuren oder Fetten in Berührung kommen. Gelangt Plastik in die Natur, bleibt es dort sehr lange liegen. Irgendwann reiben sich Teile der Oberfläche ab oder es zerfällt insgesamt in kleine Teile, die wiederum immer kleiner werden, je länger sie liegen oder vom Wind oder Wasser weitergetragen werden. So entsteht Mikroplastik. Das sind winzige Plastikpartikel, die sich bereits überall auf der Welt im Boden und im Wasser befinden. Über Pflanzen und Tiere gelangen sie wiederum in unsere Nahrung und dann in unseren Körper. So schaden wir uns letztendlich auch selbst. Die meisten Kunststoffe gelangen übrigens durch den Abrieb von Autoreifen in die Umwelt. Jede eingesparte Autofahrt schont die Umwelt also nicht nur, weil so CO_2, Feinstaub und Treibstoff eingespart werden. In unserem Alltag ist Plastik fast in jedem Produkt enthalten. Wer sich das bewusst macht, kann sich nach plastikfreien Alternativen umschauen.

TIPP

Untersuchen Sie mit einem Mikroskop oder mit Lupen gemeinsam Erde-, Wasser- oder Lebensmittelproben. Sicher finden Sie viele kleine Fasern von Kleidung, Plastiktüten und Netzen darin.

Was ist ein ökologischer Fußabdruck?

Der ökologische Fußabdruck sagt aus, wie viele Erdplaneten wir bräuchten, um die nötigen Ressourcen für unseren Lebensstil bereitstellen zu können. Oft ist uns gar nicht bewusst, wie viele Ressourcen mit einem Produkt, dass wir im Alltag nutzen, verbrauchen. Wenn wir z. B. ein Papiertaschentuch nutzen, wurde dafür ein Baum gerodet und Wasser eingesetzt, um den Zellstoff dafür herzustellen. Es wurde mit Farbe bedruckt, in Plastik verpackt und über weite Wege transportiert. Nutzen wir stattdessen Stofftaschentücher oder unbedruckte Recycling-Taschentücher, verbrauchen wir weniger Ressourcen und tragen zu einem entsprechend kleineren ökologischen Fußabdruck bei.

KAPITEL 3
Nachhaltigkeit

Fragen und Wissen

© creativemarc – Shutterstock.com

Earth Overshoot Day

Jährlich wird von der Organisation Global Footprint Network (GFN) der sogenannte „Earth Overshoot Day" bekannt gegeben. Das ist der Tag, an dem das Ressourcenbudget der Erde innerhalb eines Jahres verbraucht ist. Im Jahr 2019 war dies der 29. Juli. Durch unser Handeln ist es möglich, diesen Tag zu verschieben, wie die ökologischen Auswirkungen der Coronapandemie ein Jahr später zeigen: Der Overshoot Day 2020 ist der 22. August, drei Wochen später als noch im Jahr zuvor (vgl. Global Footprint Network).

Wie können wir nachhaltig leben?

Wir können alle etwas tun, um nachhaltig zu leben. Hier erhalten Sie ein paar Tipps für den Alltag:

1. Weniger kaufen
   → Nicht kaufen: Fragen Sie sich vor dem Kauf eines Produktes, ob Sie es auch wirklich brauchen. Sie werden erstaunt sein, wie oft Sie die Frage mit Nein beantworten.

   → Gebraucht kaufen: Greifen Sie auf gebrauchte Artikel zurück, die häufig noch in einem sehr guten Zustand sind. Mittlerweile gibt es z. B. in jeder Stadt Kleidertauschpartys.

   → Selber machen statt kaufen: Putzmittel oder Kosmetik lassen sich leicht selbst herstellen. So vermeiden Sie Müll und Schadstoffe.

   → Tauschen: Stellen Sie in der Kita ein Tauschregal auf, um Kleidung, Spielsachen, Bücher usw. weiterzugeben.

Fragen und Wissen

2. Weniger wegwerfen

→ Reparieren: Oft lässt sich vieles noch reparieren, wie z. B. Fahrräder, Fernseher oder Smartphones. In ganz Deutschland gibt es sogenannte „Repair-Cafés", in denen Ehrenamtliche Reparaturen vornehmen.

→ Mehrwegprodukte verwenden: Einwegprodukte landen sofort im Müll, während Mehrwegprodukte, wie Pfandflaschen oder Edelstahlflaschen, öfter wiederverwendet werden. Das verbraucht weniger Ressourcen, vor allem Plastik.

3. Nachhaltig essen

→ Lebensmittel retten: Viele Lebensmittel landen im Müll. Hier hilft ein Wochenplan, um gezielter einzukaufen. Übrig gebliebene Lebensmittel können Sie spenden, z. B. an Lebensmittelverteiler oder an gemeinnützige Organisationen.

→ Regional einkaufen: Wer regional einkauft, beansprucht weniger Ressourcen, weil weite Transportwege oder sogar Exporte aus dem Ausland entfallen, und unterstützt zudem regionale Bauern.

→ Weniger Fleisch und tierische Produkte essen: Wer weniger Fleisch isst und weniger Milch trinkt, trägt zu weniger Tierleid bei und schont die Umwelt, da Massentierhaltung einen großen Einfluss auf den Klimawandel hat.

→ Bio-Lebensmittel verwenden: Diese sind weniger durch Pestizide und Dünger belastet, die sehr schädlich für die Umwelt sind.

© HollyHarry – Shutterstock.com

Ideen und Angebote

Weniger kaufen

Kinder werden oft von Geburt an mit Dingen überhäuft. Dabei ist das meiste gar nicht nötig, weil sie vor allem Nähe, Ansprache und Anregung benötigen, nicht aber Spielsachen, die das eigentliche Spielen für sie übernehmen. Für viele Kinder ist es selbstverständlich, viel Spielzeug zu besitzen. Um in ihnen jedoch mehr Wertschätzung für ihr Spielzeug und einen bewussteren Umgang mit unseren Ressourcen zu vermitteln, ist es sinnvoll, Kinder schon sehr früh daran zu gewöhnen, weniger zu konsumieren. Das ist nicht nur nachhaltiger, sondern wirkt sich auch positiv auf ihre Entwicklung aus. Wenn weniger Spielzeug vorhanden ist, setzen sie sich intensiver mit dem auseinander, was da ist, und sind kreativer, weil sie von weniger Spielvorgaben umgeben sind.

© Zakhar Goncharov – Shutterstock.com

Genug haben

Im Buch „Wann hab ich eigentlich genug?" von Dagmar Geisler, wird das Thema Konsum und Sucht thematisiert. Die Kinder setzen sich mit ihren Bedürfnissen und Wünschen und auseinander.

Material

✔ Buch: „Wann hab ich eigentlich genug? – Emotionale Entwicklung für Kinder ab 3", Loewe Verlag, 2014

So geht's

Schritt 1: Buch vorlesen
Nehmen Sie zunächst nur die „Vorschulkinder" als Gruppe für dieses Angebot. Je nachdem, wie die Kinder damit umgehen, können Sie es mit jüngeren Kindern wiederholen.
Lesen Sie das Bilderbuch vor. Sprechen Sie zunächst mit den Kindern über das, was sie gerade gehört haben. Fassen Sie dann gemeinsam zusammen, was im Buch passiert.

Schritt 2: Philosophische Gesprächsrunde führen
Fragen Sie anschließend z. B.:
- Wie geht es euch mit euren Spielsachen?
- Wie viel habt ihr zu Hause?
- Was meint ihr? Habt ihr zu viel oder zu wenig?
- Was bedeutet eigentlich zu viel?
- Was ist nicht zu viel?
- Und wer bestimmt das? Ein Kind, das viel toben will, sollte das doch tun oder nicht? Es ist doch gesund, sich viel zu bewegen, und wenn es ihm damit gut geht?
- Die letzte Frage zielt darauf ab, ob es anderen damit auch gut geht und es vielleicht notwendig ist, Rücksicht zu nehmen. In Bezug auf Nachhaltigkeit und Klimawandel ist es nämlich wichtig, solidarisch und rücksichtsvoll miteinander umzugehen. Geben Sie den Kindern Zeit, ihren Gedanken nachzugehen. So entsteht eine philosophische Gesprächsrunde.

Schritt 3: Eigene Verhalten reflektieren
Die Kinder erinnern sich vielleicht daran, dass sie während der Coronapandemie lange Zeit nicht mit anderen spielen durften und sogar die Spielplätze geschlossen waren. Die Menschen mussten beim

Ideen und Angebote

Einkaufen oder im Bus Gesichtsmasken tragen. Das haben sie aus Solidarität getan, um andere zu schützen. Alle haben ihre Bedürfnisse zurückgestellt und darauf geachtet, andere nicht mit dem Virus anzustecken. Überlegen Sie gemeinsam, was die Kinder anders machen könnten, um sich solidarisch mit der Erde, mit der Natur und unserer Umwelt zu zeigen und nachhaltiger zu leben. Dafür gehen Sie die Seiten des Buches noch einmal durch.

Schlagen Sie abschließend vor, auch in der Kita mal nicht an die eigenen Wünsche und Bedürfnisse zu denken und zu überlegen, wie alle mit weniger auskommen und trotzdem glücklich und zufrieden sein können. Falls Sie schon konkrete Planungen für Angebote haben, erzählen Sie davon.

© FamVeld – Shutterstock.com

Spielzeugfrei

Eine Idee, um zu erkennen, wie wertvoll Dinge sind und was man davon eigentlich braucht, ist eine spielzeugfreie Zeit. Räumen Sie über einen festgelegten Zeitraum, z.B. drei Wochen, alle Spielsachen weg und stellen Sie stattdessen Materialien, wie Stoff- und Wollreste, Holzstücke, Papier oder Pappe zur Verfügung. Die Kinder dürfen den Raum nutzen, um Rollenspiele zu erfinden und sich anders auszuleben. Wichtig dabei ist die Begleitung und die gemeinsame Reflexion, damit die Kinder auch verinnerlichen, wie wertvoll diese Zeit für sie ist.

Konsumfrei

Eine andere Idee ist, den Konsum einzuschränken. Die Gruppe oder die gesamte Einrichtung verpflichtet sich, z.B. zwei Wochen lang nichts zu kaufen, was nicht unbedingt nötig ist, wie z.B. Lebensmittel. Während der Coronapandemie haben die meisten Kinder nach einiger Zeit des Fernseh- und Internetkonsums wieder Spaß am Spielen und Kreativsein entdeckt und ihre Langeweile als Chance genutzt, wieder selbst tätig zu werden. Reduzieren ist also möglich und tut nicht weh.

Materialien statt Spielzeug

Bei vielen Kindern stapelt sich zu Hause das Spielzeug. Oft ist es so viel, dass gar nicht alles bespielt werden kann. Auch in der Kita ist das häufig so. Zudem ist fertiges Spielzeug nur wenig kreativitätsanregend.
Das Material, aus dem Spielsachen bestehen, ist überwiegend Plastik. Holzspielzeug wird häufig in Asien, selten nachhaltig oder fair und meist mit gesundheitsschädlichen Zusatzstoffen, wie Imprägniermittel und Lack, produziert. Eine gute Alternative ist, gesunde und umweltfreundliche Spielsachen zu kaufen oder auf Materialien umzusatteln, mit denen die Kinder ihre Kreativität ausleben können.

Material

- ✔ Naturmaterialien (Kastanien, Steine, Stöcke, Kies, Sand …)
- ✔ Holzreste (Klötze, Abschnitte, Scheiben)
- ✔ ungefährliche Industrieabfälle (z.B. aus der Remida)
- ✔ Fahrradschläuche
- ✔ Woll- und Stoffreste
- ✔ Kisten, Körbe
- ✔ Werkzeuge und Hilfsmittel (Hammer, Nägel, Klebstoffe)

So geht's

Schritt 1: Über Spielzeug sprechen
Sprechen Sie mit den Kindern darüber, welche Spielsachen es in der Kita gibt und was davon gebraucht wird.

Ideen und Angebote

KAPITEL 3
Nachhaltigkeit

TIPP

Mit älteren Kindern können Sie bei einer Gesprächsrunde darüber nachdenken, woher eigentlich Spielzeug kommt, wer es herstellt und was damit passiert, wenn die Kinder es nicht mehr mögen oder brauchen. Neugierige Kinder wollen vielleicht nachforschen und machen ein Projekt daraus.

© lcrms – Shutterstock.com

Schritt 2: Spielzeug aussortieren

Reduzieren Sie nach und nach das vorhandene Spielzeug und ergänzen Sie stattdessen Materialien und Werkzeug. Leiten Sie den Umgang damit an und geben Sie den Kindern einige Bastelimpulse. Sprechen Sie mit den Kindern:
- Mögt ihr das Material? Benennen Sie es konkret, z. B. Kastanien.
- Welche Materialien möchtet ihr noch ausprobieren?
- Sollen wir zusammen Naturmaterialien sammeln?
- Was wäre, wenn es gar keine Spielsachen mehr in der Kita gäbe, sondern nur noch Material?

Schritt 3: Die Kinder beobachten

Beobachten Sie die Kinder:
- Wie gehen sie mit den Materialien um?
- Fragen Sie nach den Spielsachen, die fehlen?
- Welche Spiele entwickeln sich?
- Wer spielt was und mit wem?
- Wie lange spielen die Kinder mit den jeweiligen Materialien?

TIPP

Nach der Umstellung auf mehr Material und weniger fertiges Spielzeug können Sie auch eine komplette spielzeugfreie Zeit ausprobieren. Beziehen Sie die Eltern mit ein, damit keine Missverständnisse aufkommen. Dokumentieren Sie die Veränderungen bei den Kindern und den ökologischen Aspekt. Laden Sie die Eltern zum Hospitieren ein, damit sie erleben können, wie die Kinder sich mit dem Material beschäftigen. Sicher sind die Mädchen und Jungen am Ende kreativer, spielen mehr in Gruppen und sind stolz darauf, einen Beitrag für den Umweltschutz geleistet zu haben.

Ideen und Angebote

Spiele und Spielzeug selber machen

Mit verschiedenen Materialien entwickeln Kinder bald selbst Spielideen. Regen Sie an, auch Spiele und Spielzeug selber herzustellen, anstatt zu kaufen. Orientieren Sie sich anfangs an vorhandenen Brettspielen und klassischen Spielideen. Spielsachen, wie Puppen oder Fahrzeuge, können die Kinder z. B. aus Stoffresten oder Holzabfällen basteln.

Alternativen zu Plastik

Die meisten Spielzeuge sind aus Plastik. Wenn die Kinder das selbst herausfinden, schaffen sie ein Bewusstsein dafür. Voraussetzung ist, dass die Mädchen und Jungen bereits wissen, wie schädlich Plastik für die Umwelt ist.

Lassen Sie die Kinder nachsehen, welche Spielsachen aus Plastik sind. Überlegen Sie zusammen anhand einiger Beispiele, aus welchem Material sie auch hergestellt werden könnten. Vielleicht kommen die Kinder darauf, dass man einige Spielsachen gar nicht benötigt. Greifen Sie die Ideen der Kinder auf und stellen Sie ein Spielzeug selbst her, z. B. ein Brettspiel.

© Halk-44 – Shutterstock.com

Weniger wegwerfen

Den meisten von uns ist gar nicht bewusst, wie viel Müll wir täglich produzieren. So geht es auch den Kindern. Um nachhaltig zu leben, ist es jedoch wichtig, ein Bewusstsein dafür zu schaffen, wie wichtig es ist, Müll zu vermeiden.

Müllvermeidung

Schauen Sie mit den Kindern, wie viel Müll Sie in der Gruppe produzieren, und überlegen Sie gemeinsam, wie Sie Müll reduzieren können.

Material

- Kisten, Körbe, Säcke
- 1 Marker
- evtl. 1 Fotoapparat

So geht's

Schritt 1: Über Müll sprechen

Sprechen Sie mit den Kindern über Müll. Als Impuls können Sie z. B. den Papierkorb nehmen. Fragen Sie, wie viel Papiermüll wohl in einer Woche oder einem Monat in der Kita entsteht.

Unterhalten Sie sich darüber, was sonst noch so an Müll anfällt und warum dieser schlecht für die Umwelt, das Klima und für den Menschen ist.

Schritt 2: Beobachten, wie Müll entsteht

Schlagen Sie vor, eine bestimmte Zeit lang zu beobachten, wie viel Müll entsteht. Ziel ist, diesen zu reduzieren. Einigen Sie sich auf eine Woche. Suchen Sie einen Platz, wo Sie Ihren Müll unter hygienischen Bedingungen sammeln können. Organische Abfälle, wie Bio- bzw. Kompostmüll, lassen Sie weg. Auch gekochte Essensreste werden nicht gesammelt. Machen Sie davon aber täglich Fotos. Markieren Sie die Müllmenge in den

Ideen und Angebote

KAPITEL 3
Nachhaltigkeit

Kisten und Säcken mit einem Marker. Täglich, z. B. nach dem Morgenkreis, achten nun alle darauf, welcher Müll anfällt und wie viel mehr es geworden ist. Die Kinder üben so, ihn zu trennen, und schulen ihre Wahrnehmung, was täglich in der Gruppe an Müll anfällt.

Schritt 3: Überlegen, wie Müll reduziert werden kann

Am Ende der Woche schauen sich alle an, welche Menge Müll sie produziert haben. Überlegen Sie nun gemeinsam:
- Was davon können wir vermeiden?
- Was können wir noch einmal oder anders verwenden?
- Worauf können wir verzichten?

Jetzt ist es besonders interessant, die Müllwoche zu wiederholen. Schafft es die Gruppe, den Müllberg zu verkleinern?

TIPP

Nehmen Sie nur eine Müllsorte heraus, z. B. Papier, und beobachten Sie nur diese. So ist es übersichtlicher, hygienischer und einfacher zu handhaben.

TIPP

Stellen Sie mit den Kindern selbst Papier aus altem Papier, z. B. Schmierpapier und alten Kinderzeichnungen, her. So bekommen sie mehr Bezug zum Material und verstehen, wie aufwändig es ist, Papier zu recyceln.

© Westend61 – Shutterstock.com

Ideen und Angebote

Weniger verbrauchen

Wenn die Kinder über ihr Konsumverhalten nachdenken und Umweltschutz für sie ein Thema ist, sollten sie auch überprüfen, wie sie mit Wasser und Strom umgehen.

Wasser sparen

Testen Sie gemeinsam, z. B. wie viel Wasser ein Kind zum Händewaschen benötigt.

Material

- ✔ große Schüssel
- ✔ Messbecher

So geht's

Schritt 1: Wasserverbrauch messen
Stellen Sie eine große Schüssel ins Waschbecken. Im Anschluss messen die Kinder mit einem Messbecher, wie viel Wasser in der Schüssel gelandet ist. Nun wäscht ein anderes Kind seine Hände und die Wassermengen werden verglichen. Falls es deutliche Unterschiede gibt, fragen Sie, woran das liegen könnte.

Schritt 2: Wasser sparsam verwenden
Jetzt überlegen alle zusammen, wie sie beim Händewaschen Wasser sparen könnten, z. B. indem alle das Wasser nur kurz aufdrehen, um Hände und Seife anzufeuchten, und dann erneut kurz, um die Seife abzuspülen. Messen Sie den Wasserbrauch erneut und fragen Sie die Mädchen und Jungen, wie viel Wasser sie nun verbrauchen?

Schritt 3: Weitere Ideen sammeln
Fragen Sie die Kinder, ob sie weitere Ideen haben, um Wasser zu sparen.

Beispiele:
- Toilettengang: beim kleinen Geschäft die kurze Spülung oder Stopp drücken, beim großen Geschäft die lange Spülung benutzen
- im Garten: für Wasserspiele im Sandkasten Regenwasser verwenden

Strom sparen

Fragen Sie die Kinder, wie sie Strom sparen können. Dazu überlegen die Kinder zunächst, wann und wo sie Strom selbstständig verwenden. Meist trifft das auf Kinder zu, wenn sie Licht anschalten oder wenn Sie einen elektrischen Handtrockner in der Einrichtung haben. Sammeln Sie ihre Vorschläge.
Anschließend machen Sie sich gemeinsam Gedanken dazu, wie Sie alle Strom sparen könnten, z. B. indem sie Licht und andere Stromnutzer nur anschalten, wenn sie sie wirklich brauchen, und anschließend sofort wieder ausschalten.

© myboys.me – Shutterstock.com

© Dfchannel Studio – Shutterstock.com

Die Eltern

Gemeinsame Müllsammelaktion

Findet in Ihrem Stadtviertel eine Müllsammelaktion statt? Dann schließen Sie sich mit dem Kindergarten und den Eltern an oder initiieren Sie selbst eine. Dabei wird allen bewusst, wie viel weggeworfen wird. Die Hürde, Müll einfach so in der Natur zu hinterlassen, wird größer. Bemerkenswert ist auch, was alles so weggeworfen wird.

Vieles davon kann noch verwendet werden oder ist überflüssiger Kram. Ziel der Müllsammelaktion ist in erster Linie nicht, den Müll für andere wegzuräumen, sondern Verantwortung für das eigene Lebensumfeld zu übernehmen, damit die Natur sich dort wieder entfalten kann.

© Pixel-Shot – Shutterstock.com

Wichtig

Achten Sie auf Hygiene. Tragen Sie Handschuhe. Bei trockenem Müll reichen Stoffhandschuhe, ansonsten sind Mehrweg-Plastikhandschuhe sinnvoller. Praktisch sind lange Greifer, um kleineren Müll aufzuheben. Zum Sammeln eignen sich Eimer mit Henkeln oder Müllsäcke. Entsorgen Sie den Müll fachgerecht. Sprechen Sie dafür mit der örtlichen Wertstoffbehörde, dem Bauhof der Gemeinde oder der Stadtverwaltung.

Eltern

Workshop: Bienenwachstuch herstellen

Viele Kinder bringen ihr Frühstück verpackt mit in die Kita. Häufig sind Müsliriegel und andere süße Snacks beigelegt oder verpackte Getränke mit Strohhalmen. Nicht alle Eltern haben sich intensiv mit dem Thema Nachhaltigkeit auseinandergesetzt. Daher bietet sich ein praxisnaher Workshop an, bei dem sie erfahren, wie sie ihren Kindern ein unverpacktes, gesundes und leckeres Frühstück mitgeben. Sie lernen alternative Verpackungen kennen und stellen sogar selbst welche her, wie z. B. Bienenwachstücher.

Material

- ✔ alternative Verpackungen, wie Schraubgläser, Edelstahldosen, Glasflaschen mit Schutzhülle, Papier, Wachstuch
- ✔ Stoff, z. B. altes Bettlaken
- ✔ Bienenwachs
- ✔ Bügeleisen
- ✔ Scheren

So geht's

Schritt 1: Stoffe zuschneiden
Die Eltern schneiden Quadrate, ca. 30 x 30 cm, aus Baumwoll-Webware oder Leinenstoff heraus. Gut eignet sich dafür alte Bettwäsche, da sie bereits oft gewaschen wurde und keine Schadstoffe mehr enthalten sein dürften.

Schritt 2: Im Ofen backen
Legen Sie die Stoffstücke auf Backbleche, die mit Backpapier oder besser Mehrweg-Backfolie ausgelegt ist. Auf die Stoffquadrate streuen sie nun Bienenwachspellets. Alternativ geht auch ein veganes Wachs, z. B. Rapswachs. Die Tücher müssen nun bei ca. 80 Grad, ca. 5 bis 10 Minuten im Ofen bleiben, bis das Wachs geschmolzen ist.

Schritt 3: Bienenwachstücher trocknen
Anschließend verstreichen die Eltern das Wachs mit einem breiten Pinsel. Sie hängen die Tücher auf eine Wäscheleine zum Trocknen und Aushärten des Wachses. Wer mag, kann das Bienenwachstuch zwischen zwei Lagen Backpapier kurz bügeln. Dann werden die Tücher schön glatt und das Wachs verteilt sich noch besser.
Die Tücher eignen sich als Verpackung, Abdeckung, sowie zum Einfrieren von Speisen und sind leicht mit Wasser und ggf. etwas Spülmittel zu reinigen.

© Oksana Shufrych – Shutterstock.com

Eltern

KAPITEL 3
Nachhaltigkeit

© andrekoehn – Shutterstock.com

Gemeinsamer Kita-Markttag

Etablieren Sie einmal im Jahr einen Flohmarkt in der Kita oder an einem anderen geeigneten Ort der Gemeinde. Einige Eltern übernehmen die Organisation und Durchführung und geben ihre Erfahrung jedes Jahr an neue Eltern weiter:

1. Secondhandmarkt: Die Eltern geben ihre Sachen ab. Sie werden in der Kita sortiert und präsentiert. Die Kita erhält einen Anteil vom Kaufpreis.
2. Flohmarkt: An Tischen und auf Decken verkaufen alle ihre Sachen selbst.
3. Tausch- oder Schenkmarkt: Die Eltern bringen nicht mehr benötigte Sachen mit und legen sie auf Tischen zur Verfügung. Nun dürfen sich alle kostenlos daran bedienen.

Wichtig

- Stellen Sie Verantwortlichkeiten und Regeln auf, z. B. dass Müll und Reste wieder mitgenommen und Tische aufgeräumt werden oder die Eltern für ihre Kinder haften.
- Ermöglichen Sie auch den Kindern, im geschützten Rahmen zu (ver)kaufen, zu verschenken oder zu tauschen.
- Entscheiden Sie, ob es eine öffentliche Veranstaltung sein soll, an der auch Kita-Fremde teilnehmen dürfen.

TIPP

Wenn Sie Spenden erhalten oder Verkaufseinnahmen für die Kita haben, kommunizieren Sie transparent, was Sie damit machen.

88 | MIT KITA-KINDERN
DIE ERDE SCHÜTZEN

KAPITEL 4
Nachhaltige Kita

Klimawandel, Umweltbewusstsein und Nachhaltigkeit sind wichtige Themen unserer Gesellschaft, die uns auch noch lange in der Zukunft beschäftigen werden. Da Kinder ein wichtiger Teil der Gesellschaft sind und dies auch spüren müssen, um später einmal soziale Verantwortung zu übernehmen und die Gesellschaft mitzugestalten, ist es gut, sich bereits in der Kita mit dem Thema zu befassen. Wenn Sie dies nicht nur innerhalb eines Projektes tun möchten, sondern jeden Tag, dann nehmen Sie es doch fest in Ihr Konzept auf. Die Tipps in diesem Kapitel unterstützen Sie dabei.

Von der Theorie zur Praxis

Ihre Haltung reflektieren

Bevor Sie Kindern Umweltbewusstsein und Klimaschutz vermitteln, ist es wichtig, über Ihre eigene **Haltung** nachzudenken und Ihr Verhalten zu überprüfen. Setzen Sie sich im Team zusammen und diskutieren Sie folgende Fragen:
- Wie umweltbewusst und nachhaltig ist unsere Kita?
- Spiegeln wir dies in unserer Arbeit wieder?
- Gibt es dazu unterschiedliche Standpunkte im Team? Wie gehen wir damit um?

Eine Entwicklung zu einer klima- und umweltbewussten Kita benötigt ein gemeinsames **Konzept.** Nur so können Sie es in Ihrem Kita-Alltag verankern. Sprechen Sie über Ihre unterschiedlichen Standpunkte, Ängste oder Vorbehalte. Lassen Sie andere Meinungen zu und kritisieren Sie nicht. Es ist wichtig, dass sich alle verstanden, nicht überfahren oder bevormundet fühlen. Betrachten Sie die Auseinandersetzung mit dem Thema als Herausforderung. Ermuntern Sie Ihr Team, sich dem offen und neugierig anzunähern, so wie es auch die Kinder tun. Lernen Sie miteinander und voneinander, was es bedeutet, **ökologisches Bewusstsein** in einer Kita zu vermitteln und zu leben. Für die Kinder ist Ihre Haltung ausschlaggebend. Denn Sie sind die Vorbilder, die sie nachahmen. Ist Ihre Haltung dazu nicht klar, spüren das die Kinder.

Veränderungen achtsam umsetzen

Legen Sie gemeinsam **Ziele** fest und führen Sie Veränderungen in kleinen Schritten ein. Wichtig ist immer, sich den eigenen Umgang mit den Ressourcen in der Kita bewusst zu machen. Erst dann ist eine Veränderung möglich. Wählen Sie ein Unterthema, wie z. B. Papier-, Wasser-, Strom- oder Plastikverbrauch. Beobachten Sie immer zunächst, wann und wie viel Sie davon verbrauchen und wofür und wie oft Sie diese **Ressource** nutzen. Hier ein paar Beispiele:

1. Wasser

Fällt Ihnen selbst auf, dass Sie z. B. den Wasserhahn beim Händewaschen oder Zähneputzen immer laufen lassen, ist Ihre Bereitschaft, dies zu ändern, größer, als wenn jemand anderes Sie darauf aufmerksam macht. So vollziehen sich Veränderungen und Haltungen ganz ohne Druck und Dogma.

2. Müll

Stellen Sie sich als Team die Aufgabe, eine Woche lang zu beobachten, wie viel Müll Sie produzieren, und achten Sie darauf, wo er herumliegt. Am besten funktioniert es als Spiel: Jede*r achtet auf eine Sorte Müll, wie z. B. Getränkeverpackungen, Kaugummis oder Plastiktüten, dokumentiert sowohl diesen als auch den Ort, an dem er entdeckt wurde. Den meisten wird so bewusst, wie viel Müll herumliegt, wie umweltschädigend das ist, und sie sind bereit, ihr Verhalten zu ändern.

> **TIPP**
>
> Natürlich ist es gut, wenn jede*r den Müll auch gleich entsorgt. Das ist aber kein Muss. Überlassen Sie allen selbst diese Entscheidung, die von der jeweils inneren Haltung beeinflusst wird.

3. Plastikverbrauch

Um bewusster mit Plastik umzugehen, achten Sie bei Ihren Einkäufen darauf, welche Produkte darin verpackt sind. Die meisten sind erschrocken darüber, dass es kaum Produkte ohne Plastik gibt und wie sorglos der Umgang damit bisher war. Diese Erkenntnis und das Wissen darüber, wie ungesund Kunststoffe für Umwelt und Mensch sind und wie wenig nur davon entsorgt werden kann, bewegen dazu, über Alternativen nachzudenken.

Mit diesen kleinen Schritten können wir alle etwas zum Umwelt- und Klimaschutz beitragen. Jeder aufgehobene Zigarettenstummel ist einer weniger in der Natur, jede eingesparte Plastiktüte kann eine weniger in den Weltmeeren bedeuten und Tierleben retten. Je mehr Menschen sich dafür einsetzen, desto größer ist der Effekt weltweit. Unsere Kinder sind die nächste Generation, die sich dafür einsetzen kann. Am besten geht dies, wenn wir ihnen das vorleben.

© Natalia Deriabina – Shutterstock.com

Nachhaltigkeit konzeptionell verankern

Wenn Sie Ihre Einrichtung thematisch auf **ökologisches Bewusstsein** und **Nachhaltigkeit** ausrichten wollen, verankern Sie dies in Ihrer Konzeption. Als Bildungsziel ist Umweltbewusstsein in fast allen Bildungsplänen bereits integriert. Da sich Klima- und Umweltschutz auf alle Lebens- und Lernbereiche bezieht, positionieren Sie sich gleich zu Beginn Ihrer **Konzeption** dazu, z. B.: „Wir möchten den Kindern vermitteln, dass sie ein wichtiger Teil des Ökosystems unserer Erde sind. Sie sollen verstehen, wie Ökosysteme funktionieren und welche Bedeutung sie und ihr Handeln für das Klima haben. Ressourcen schonen, Müll vermeiden und eigenes Handeln reflektieren sind unsere Ziele zu diesem Thema. Letztendlich sollen die Kinder Freude daran haben, ihre Umgebung, die Natur und ihre Vielfalt kennenzulernen und sie zu schützen." Überprüfen und passen Sie Ihre gesamte Konzeption daraufhin an.

Praktische Tipps zur Umsetzung

Ökologisch bewusst einkaufen

Bereiten Sie für die nächste Teambesprechung zwei Salate vor. Für den einen kaufen Sie im Supermarkt möglichst günstig ein. Für den anderen kaufen Sie die gleichen Zutaten im Bioladen, möglichst ohne Plastik und aus regionalem Anbau. Nehmen Sie einen Korb mit. Bereiten Sie beide Salate mit der gleichen Soße zu und heben Sie die Abfälle auf. Lassen Sie alle von beiden Salaten probieren. Fragen Sie Ihr Team:

- Gibt es Unterschiede zwischen beiden Salaten?
- Wie schmecken und riechen die Salate?
- Wie viel Müll ist jeweils angefallen?

Es ist sehr wahrscheinlich, dass der Salat aus den ungespritzten, hochwertigeren Zutaten besser schmeckt. Geschmacklich gibt es jedoch nicht immer einen großen Unterschied, weil die Zutaten gerade überall reif und frisch zu kaufen sind. Doch der Qualitätsunterschied ist groß, auch wenn man ihn nicht immer direkt schmeckt: Der günstige Salat aus dem Supermarkt hat nur wenige Vitamine und enthält Spritzmittel, Wachse, Düngemittel und Ausdünstungen aus den Verpackungen, ganz im Gegensatz zum Bio-Salat.

Vergleichen Sie nun die Abfälle der beiden Einkäufe und unterhalten Sie sich darüber. Welches Fazit ziehen Sie gemeinsam aus dem Experiment?

Fazit

Obwohl der Supermarkt-Einkauf günstiger war, zahlen wir indirekt auch die Verpackung und deren Entsorgung mit. Wir müssen für Transportkosten, Umweltverschmutzung und sogar für die Gesundheitsversorgung aufkommen. Und schließlich schmecken die Lebensmittel meist nicht besonders gut oder lösen Allergien und Unverträglichkeiten aus. Ökologisch bewusst einkaufen lohnt sich. Lieber weniger, dafür aber hochwertige Lebensmittel einkaufen und sich diese richtig schmecken lassen.

© Sunny Forest – Shutterstock.com

KAPITEL 4
Nachhaltige Kita

Praktische Tipps zur Umsetzung

© fokke baarssen – Shutterstock.com

Ökostrom verwenden

In Deutschland gibt es viele Stromanbieter. Darunter sind inzwischen auch viele, die Öko-Strom und regionalen Strom anbieten. Letzteres ist besonders umweltfreundlich, da keine Stromtrassen über lange Strecken nötig sind. Grundsätzlich steht es uns allen frei, einen Stromanbieter zu wählen. Einem Wechsel zu umweltfreundlichem Strom steht also nichts im Wege. Je nachdem, welche Kündigungsfristen im bestehenden Vertrag festgelegt sind, ist dies sogar innerhalb eines Monats möglich. Ein Sonderkündigungsrecht gilt meist bei Preisanpassungen. Sprechen Sie Ihren Träger darauf an, wenn Sie sich für Ökostrom entscheiden. Vielleicht unterstützen Sie Eltern dabei, einen geeigneten Anbieter zu finden und den Träger zu überzeugen. Übrigens ist Ökostrom nicht unbedingt teurer als Strom aus fossilen Brennstoffen und Atomstrom. Inzwischen gibt es so viele Anbieter, dass die Preise sinken und sogar die Jahresrechnung günstiger ausfallen könnte als bisher.

„Grüner Strom"-Label

Mit dem „Grüner Strom"-Label erkennen Sie Ökostromanbieter, die ihren Strom nicht aus Atom- oder Kohlekraftwerken beziehen (vgl. Grüner Strom-Label e. V.).

TIPP

Sprechen Sie mit Ihrem Träger, ob es möglich ist, eine Solaranlage zu installieren, um damit eigenen Strom und Wärme zu erzeugen.

Praxisangebote für mehr
Nachhaltigkeit in der Kita

Praktische Tipps zur Umsetzung

Nachhaltig im Internet surfen

Auch beim Surfen im Internet hinterlassen wir einen ökologischen Fußabdruck. Jedes Mal, wenn wir einen Suchbegriff eingeben, wird er mithilfe von elektrischem Strom durch Kabel geleitet, die aus wertvollen Metallen und Kunststoff bestehen. Auf sogenannten „Servern" – das sind riesige Rechner – werden die Daten ausgewertet. Dabei wird viel Energie verbraucht und CO_2 freigesetzt. Damit die Server nicht zu heiß werden, müssen sie gekühlt werden. Am Ende schicken sie die Antwort auf unsere Frage wieder an uns zurück.

Was können wir tun, um das Internet nachhaltiger zu nutzen?

- keine Clouds benutzen
- weniger E-Mails versenden
- seltener Filme streamen und auf eine geringere Übertragungsqualität einstellen
- auf eine nachhaltige Suchmaschine umsteigen

Wasser sparen

Es gibt viele Möglichkeiten, in der Kita Wasser zu sparen:

1. Wasser sparen mit Perlatoren

Mit „Perlatoren", auch „Strahlregler" genannt, sparen Sie eine Menge Wasser. Sie werden in die Wasserhähne eingebaut und sorgen dafür, dass das Wasser in einem leicht gesprudelten Strahl aus dem Hahn kommt. So wird weniger verbraucht. Das Austauschen macht in einer Kita normalerweise ein Hausmeister. Sie können es aber auch selbst tun. Verwenden Sie einen Lumpen, falls Sie den Perlator mit einer Zange öffnen müssen, um die Verchromung nicht zu zerkratzen. Schrauben Sie den Perlator immer nur so fest zu, dass er dicht angebracht ist, sich aber mit wenig Kraft wieder lösen lässt. Wenn bereits Perlatoren vorhanden sind, entkalken Sie diese regelmäßig, indem Sie sie über Nacht in verdünnte Essig- oder Zitronensäure legen.

© dominiktudos – Shutterstock.com

2. Wasser sparen beim Händewaschen

Gründlich Händewaschen und Wasser sparen – geht das überhaupt? Ja, sehr gut sogar. Üben Sie es gemeinsam mit den Kindern folgenderweise:

1. Wasser aufdrehen und die Hände und Seife damit benetzen
2. Wasser abdrehen und die Hände einseifen
3. Wasser aufdrehen, zuerst die Seife abspülen und weglegen, dann die Hände gründlich abspülen, auch den Wasserhahn kurz mitabspülen
4. Wasser abdrehen
5. Hände gründlich an einem sauberen Tuch trocknen

3. Wasser sparen beim Zähneputzen

Beim Zähneputzen lässt sich viel Wasser sparen, indem die Kinder einen Becher benutzen. Sie füllen Wasser hinein, benetzen die Zahnbürste damit und putzen dann ihre Zähne. Mit dem Wasser aus dem Becher spülen sie den Mund aus. Dann spülen sie den Becher und die Bürste kurz unter fließendem Wasser ab.

4. Wasser sparen im Garten

Fangen Sie für das Gartenbeet und zum Spielen im Sandkasten Regenwasser auf. Ideal ist dafür ein großer Tank auf einer Palette (1 m³). So ist das Wasser vor Keimen und Mückenlarven geschützt. Die Tanks haben unten eine Abflussöffnung, an der sich ein Schlauch anbringen lässt. Durch die große Menge an Wasser fließt es fast bis zum Schluss mit reichlich Druck aus dem Tank heraus. Alternativ eignen sich auch Regentonnen oder Wannen. Bedecken Sie diese unbedingt mit einem Deckel oder stabilen Gitter, sodass kein Kind hineinklettert bzw. hineinfällt oder Mücken ihre Eier nicht dort ablegen können.

> **TIPP**
>
> Sprechen Sie den Träger an, ob es möglich ist, eine Regenwasseranlage zu installieren. Das ist eine sinnvolle Anschaffung, die sich bald amortisiert. Damit wird Regenwasser für die Toilettenspülung verwendet anstatt wie bisher Trinkwasser.

5. Wasser sparen in den Toiletten

Achten Sie darauf, dass eine sogenannte „Spartaste" im Spülkasten vorhanden ist, die von den Kindern auch genutzt wird. Oft gibt es dafür einen kleinen und einen großen Knopf oder andere entsprechende Tasten. Wenn es nicht möglich ist, die Spülkästen zu modernisieren, legen Sie eine gefüllte Flasche oder einen Ziegelstein in den Spülkasten, so steigt der Wasserspiegel schneller und weniger Wasser wird nachgefüllt.

Heizenergie sparen

Um beim Heizen Energie zu sparen, beobachten Sie über einen längeren Zeitraum Ihr Heizverhalten. Zu welcher Zeit und wie hoch werden die Heizungen in der Kita gestellt? Notieren Sie auch, wie oft und wie lange Sie lüften. Befragen Sie Ihre Kolleg*innen und die Kinder bezüglich des Raumklimas. Wann fühlen sie sich am wohlsten? Wann ist es ihnen zu kalt oder zu warm? Werten Sie Ihre Beobachtungen aus und besprechen Sie im Team, wann und wo Sie Heizenergie einsparen können. Meist ist es möglich, die Heizungen um 1–2 Grad niedriger zu stellen, ohne zu frieren. Achten Sie darauf, dass die Heizungen in Fluren und Eingangsbereichen komplett ausgeschaltet werden, wenn sie dort nicht unbedingt nötig sind. Vielleicht ist es auch möglich, die Heizungen nachts abzusenken.

Papier sparen

In der Kita gibt es eine Menge Möglichkeiten, um Papiermüll zu sparen:

1. Papiertücher

Gründliches Händewaschen ist wichtig, genauso aber auch das anschließende Abtrocknen der Hände. Nur ein sauberes Handtuch sorgt für saubere Hände. Viele Einrichtungen haben daher Spender mit Papiertüchern oder mit Stoffbahnen installiert. Das hat folgende Nachteile:
- Bei Stoffbahnen besteht das Problem, dass die Kinder den Stoff nach dem Abtrocknen nicht immer weiterschicken, sodass sich mehrere Kinder an derselben Stelle abtrocknen.
- Papiertücher sind zwar hygienisch, sorgen aber auch für sehr viel Müll. Selbst recyceltes Papier kann nach dem Gebrauch nicht so einfach wiederverwertet werden und benötigt bei der Herstellung eine recht hohe Menge an Wasser und Strom. Dann wird es über weite Wege zum Endverbraucher transportiert und muss schließlich wieder in Verbrennungsanlagen entsorgt werden.

Eine umweltfreundliche Alternative ist das gute, altmodische Frotteehandtuch. Verwenden Sie ein helles, sodass Schmutz gut sichtbar ist und Sie es sehr heiß waschen können. Bevorzugen Sie kleine Gästehandtücher und wechseln Sie dafür öfters durch. Das ist hygienischer und umweltfreundlicher. Waschen Sie sie entweder in der Kita, bitten Sie die Eltern darum oder bringen Sie sie zu einer Wäscherei, wenn der Träger das absegnet.

2. Küchentücher

Verwenden Sie in der Küche, im Büro oder im Gruppenraum gerne Küchentücher? Dann kaufen Sie bitte nur noch Tücher aus recyceltem Material und am besten welche, die in kleinere Tücher teilbar sind. So retten Sie viele Bäume und vermeiden, dass noch mehr Kunststoffe im Müll landen.

© mama_mia – Shutterstock.com

Praktische Tipps zur Umsetzung

Eine bessere Alternative sind jedoch Stofftücher, die Sie z. B. aus alten Bettlaken oder Handtüchern herstellen. Was nur kurz zum Aufwischen einer Flüssigkeit dient, kann sogar noch einmal gewaschen werden. Schmuddelige Tücher landen im Müll. Besonders gut saugen Stücke von alten T-Shirts. Die eignen sich übrigens auch hervorragend als Spüllappen.

3. Taschentücher
Anstatt die üblichen 10er-Verpackungen an Taschentüchern zu verwenden, steigen Sie auf Boxen um, die bis zu 100 Taschentücher enthalten und zudem nicht in Plastik verpackt sind. Achten Sie auch hier auf Recyclingmaterial.

4. Toilettenpapier
Kaufen Sie nur noch Recycling-Toilettenpapier. Achten Sie darauf, dass es weich und nicht zu dünn ist. So senken Sie den Verbrauch und alle sind zufrieden damit. Hartes oder dickes Recyclingpapier, wie z. B. vierlagiges, könnte die Toiletten verstopfen, da es sich nur langsam auflöst. Erklären Sie den Kindern, mit wie wenig Papier sie auskommen können.

5. Altpapier
Heben Sie Papier auf, das von den Kindern weggeworfen wurde, meist ist die Rückseite noch frei. Auch im Büro fällt viel Papier an, das noch wiederverwendet werden kann. Statt bei der Teambesprechung auf einen neuen Schreibblock zu schreiben, können Sie auch auf die Rückseiten alter Konzeptionen oder auf gebrauchte Briefumschläge schreiben. Für die Kinder ist es sogar anregend und kreativitätsfördernd, wenn sie gelegentlich benutztes Papier in jeglicher Form angeboten bekommen. Eine andere Form, eine vorgegebene Linie oder eine andere Papierfarbe – das alles gibt Impulse und regt die Fantasie an.

Putzmittel reduzieren

Hygiene in der Kita ist wichtig, keine Frage. Dafür müssen jedoch nicht alle Oberflächen regelmäßig desinfiziert sein. Auf Spezialmittel können Sie also beruhigt verzichten. Das Abtöten sämtlicher Keime kann sogar schaden, weil so auch die guten „Helferbakterien" getötet werden. Außerdem ist es wichtig, dass Kinder in ihrer Umgebung mit Keimen in Berührung kommen, damit der Körper lernt, sich dagegen zu wehren. Reinigungsmittel und Desinfektionsmittel enthalten u. a. umwelt- und gesundheitsschädliche Stoffe, wie Duftstoffe, Chlor oder Alkohol.
Greifen Sie deshalb auf ökologische Reinigungsprodukte zurück. Für die Kita reichen
- 1 Essigreiniger
- 1 Spülmittel
- 1 Mittel für die Spül- und Waschmaschine
- 1 Neutralreiniger oder Schmierseife
- Natron
- Essigessenz

Reinigungsmittel können Sie aber auch einfach selbst herstellen. Das spart viel Geld, schont die Umwelt und ist nicht gesundheitsschädlich. Wenn die Kinder bei der Herstellung helfen, lernen sie etwas über die praktische Selbstversorgung und den Umweltgedanken dahinter. Und es macht natürlich Spaß, beim Putzen zu helfen.

Bitte beachten Sie natürlich trotzdem die geltenden Hygienevorschriften.

TIPP

Eine Alternative zu Toilettenpapier ist eine „Po-Dusche". Das ist eine Art Mini-Flasche mit einem kleinen Schwanenhals, durch den das Wasser mit leichtem Druck herausspritzt. So funktioniert diese kleine Dusche ähnlich wie ein Bidet, das in südlichen Ländern immer noch in vielen Haushalten steht. Der Wasserverbrauch ist geringer, da Papier im Herstellungsprozess sehr viel Wasser verbraucht. Für Ausflüge in die Natur ist es praktischer, eine solche Po-Dusche dabeizuhaben anstelle von Toilettenpapier, das in der Natur entsorgt wird. Aus einer kleinen, weichen Kunststoffflasche mit Trinkstöpsel können Sie so eine Dusche improvisieren. Und natürlich graben Sie für größere Geschäfte zuerst ein Loch.

Praktische Tipps zur Umsetzung

KAPITEL 4
Nachhaltige Kita

DIY-Zitrus-Essigreiniger

Zutaten

- Zitronen- oder Orangenschalen (Bio: ungespritzt und ungewachst)
- 1 großes Weckglas mit Deckel oder 1 Schraubglas mit Deckel ohne Plastik
- Essig

So geht's

Stapeln Sie die Schalen im Glas dicht auf- und ineinander. Füllen Sie es mit Essig auf und lassen Sie das Glas ca. drei Wochen stehen. Gießen Sie, wenn nötig, Essig nach, damit die Schalen immer bedeckt sind. Färbt sich der Essig dunkel, ist der Reiniger fertig. Gießen Sie ihn nun durch ein feines Sieb oder Tuch und füllen Sie ihn in eine Sprühflasche. Sie können ihn nun unverdünnt als Kalklöser oder Allzweckreiniger auf allen Oberflächen nutzen, die nicht säureempfindlich sind.

> **TIPP** ♡
>
> Angesichts des riesigen Angebots an Putzmitteln vergessen wir dabei oft, dass Wasser, Körperkraft und Reibung meistens ausreichen, um Schmutz zu entfernen. Frottee, Cord oder Baumwollstoff eignen sich gut als Putztücher. Schauen Sie doch einfach in Ihre Kleider-Fundkiste.

DIY-Spülmittel

Zutaten

- 2 EL Soda
- 1 TL Natron
- Wasser
- 500-ml-Flasche
- ggf. ätherisches Öl (Zitrus, Lavendel) oder etwas fein geriebene Zitronenschale

So geht's

Füllen Sie das Soda und das Natron in die Flasche. Geben Sie etwas Duftöl und Wasser dazu. Schütteln Sie die Flasche kräftig. Fertig!

© Spayder pauk_79 – shutterstock.com

Praktische Tipps zur Umsetzung

DIY-Efeu-Waschmittel

Waschmittel können Sie gut aus Efeu selbst herstellen. Sie enthalten viele Saponine, das sind waschaktive Substanzen.

Material

- ✔ 10 saubere Efeublätter
- ✔ 500-ml-Flasche
- ✔ Wasser
- ✔ Sieb

So geht's

Geben Sie die Efeublätter in eine ca. 500 ml große Flasche. Füllen Sie diese mit kaltem Wasser auf und lassen Sie sie über Nacht stehen. Füllen Sie das Waschwasser dann durch ein Sieb ab und verwenden Sie es als Flüssigwaschmittel. Verwenden Sie ca. 150–200 ml pro Wäsche, damit genug Saponine enthalten sind. Bei sehr kalkhaltigem Wasser geben Sie etwas Zitronensäure, stark mit Wasser verdünnt, ca. 1:10, dazu. Im Kühlschrank hält sich das Waschmittel etwa eine Woche. Efeu erhalten Sie das ganze Jahr über.

© Heike Rau_79 – Shutterstock.com

DIY-Kastanien-Waschmittel

Waschmittel können Sie auch mit Kastanien herstellen. Auch sie enthalten viele Saponine.

Material:

- ✔ 8 bis 10 Kastanien
- ✔ 500-ml-Flasche
- ✔ Wasser
- ✔ Sieb
- ✔ Tuch

So geht's

Vierteln oder achteln Sie die Kastanien. Schälen Sie nach Belieben die Schalen. Sie färben ganz leicht braun ab. Geben Sie sie in ein Glas mit ca. 500 ml Wasser und lassen Sie sie über Nacht ziehen. Das Wasser seihen Sie mit einem zusätzlichen Tuch auf dem Sieb ab, damit das Waschmittel schön klar ist. Verwenden Sie pro Wäsche ca. 50–100 ml.

Bei sehr kalkhaltigem Wasser geben Sie etwas Zitronensäure, stark mit Wasser verdünnt, ca. 1:10, dazu. Im Kühlschrank hält sich das Waschmittel etwa eine Woche.

TIPP

Trocknen Sie Kastanien, um sie länger haltbar zu machen. Zerkleinern Sie sie und trocknen Sie sie im offenen Backofen oder lassen Sie sie in der Sonne austrocknen. Eine andere Möglichkeit ist, sie einzufrieren und dann portionsweise zu entnehmen.

KAPITEL 4
Nachhaltige Kita

Praktische Tipps zur Umsetzung

Gesundes Raumklima schaffen

Ein gesundes und angenehmes Raumklima entsteht, wenn möglichst wenig Giftstoffe verdampfen:

1. Vermeiden Sie Kunststoffe, die Weichmacher enthalten. Durch Wärme und Verdunstung gelangen sie in die Luft und schaden unserer Gesundheit. Stellen Sie Kunststoffmaterial besser nicht auf die Heizung.
2. Meiden Sie Duftlampen oder -kerzen. Auch sie können Stoffe enthalten, die nicht gesund sind.
3. Lüften Sie regelmäßig. Tun Sie dies am besten kurz und kräftig, etwa fünf bis zehn Minuten, sodass viel Luftaustausch in kurzer Zeit stattfindet. So wirken Sie auch Schimmel entgegen, da sich kalte Luft nicht an den Wänden niederlässt und feuchte Luft, vor allem in den Sommermonaten, draußen bleibt. Wenn Sie im Winter lüften, stellen Sie die Heizung aus. Ist das nicht möglich, lüften Sie noch öfter und kürzer, damit der Raum nicht auskühlt.

Kinder wickeln

Wie wickeln Sie die Kinder? Meist sieht das in etwa so aus: Die pädagogische Fachkraft zieht sich Einweghandschuhe an, legt ein Tuch auf die Plastik-Wickelunterlage und darauf dann das Kind. Sie zieht die Einweg-Windel aus und entsorgt sie im Müll. Dann säubert sie das Kind mit Feuchttüchern, wickelt es erneut mit einer Einweg-Windel und entsorgt dann die Gummihandschuhe. Das Tuch kommt in das Fach des Kindes oder wird mit der Windel entsorgt. Dann wird der Wickeltisch desinfiziert. Ganz schön viel Müll bei so einem Wickelvorgang! Doch es gibt zum Glück ein paar umweltfreundliche und gesündere Alternativen, die nicht viel umständlicher sind:

1. Plastikfreie Wickelunterlage
Es gibt plastikfreie Wickelunterlagen. Wenn es Kunststoff sein muss, dann achten Sie darauf, dass keine Weichmacher enthalten sind. Im Grunde tut es auch eine mehrfach gefaltete Baumwolldecke, die relativ heiß gewaschen werden kann. Auf die Unterlage legen Sie ein Handtuch, das jedes Kind selbst mitbringt. Sollte einmal etwas danebengehen, wird es gewaschen.

© Garnet Photo – Shutterstock.com

Praktische Tipps zur Umsetzung

2. Stoffwindeln

Stoffwindeln sind heute gar nicht mehr so mühsam zu waschen und zu wickeln. Auch für die Kinder sind sie angenehm zu tragen. In die mehrfach verwendbaren Stoffwindeln legen Sie ein Windeltuch bzw. eine Einlage, die dann einfach ausgewechselt und gewaschen werden. Einweg-Windeln sorgen für extrem viel Müll und beanspruchen bei der Herstellung sehr viele Ressourcen. Die Materialien sind außerdem nicht gesund für die Kinder, was sich oft durch Ausschläge zeigt. Tatsächlich haben Stoffwindeln, auch wenn sie häufig gewaschen werden, eine bessere Ökobilanz, da sie aus biologisch zertifizierten Stoffen hergestellt werden können. Wer sie nicht in den Trockner gibt, sondern draußen trocknen lässt, spart zudem noch Energie.

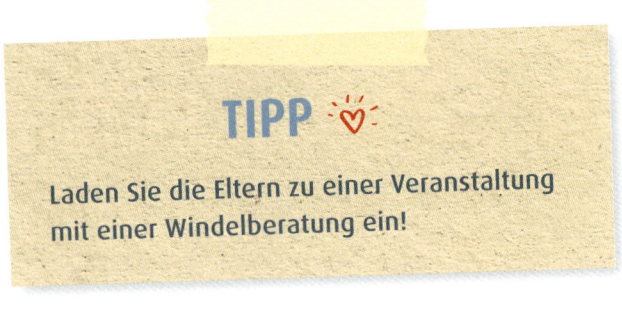

TIPP

Laden Sie die Eltern zu einer Veranstaltung mit einer Windelberatung ein!

© Kitch Bain – Shutterstock.com

3. Waschlappen statt Feuchttücher

Feuchttücher sind praktisch, keine Frage. Aber auch sie werden aus ressourcenintensiven Zell- und Kunststoffen hergestellt. Dazu wird ihnen eine Flüssigkeit zugesetzt, deren Inhaltsstoffe ebenfalls weder ökologisch noch gesund sind.

> **Hinweis**
>
> Bitte werfen Sie niemals Feuchttücher in die Toilette oder in die Natur! Sie verrotten nicht und lösen sich auch in der Toilette nicht auf!

Ein Waschlappen erfüllt den Zweck ebenso und ist zudem viel umwelt- und gesundheitsschonender. Stellen Sie eine Schüssel bereit und legen Sie den feuchten Waschlappen hinein. Das Grobe kommt in die Windel oder wird vorab mit etwas Toilettenpapier abgeputzt. Mit etwas Übung reicht ein Waschlappen aus, um das Kind gründlich zu reinigen. Zum Trocknen benötigen Sie ein dünnes und weiches Tuch. Für Nass- und Trockentücher ist es sinnvoll, quadratische oder rechteckige Stücke zu verwenden. Waschhandschuhe sind eher unpraktisch, weil man sie nicht falten kann und sie zu dick sind, um die Falten des Babykörpers zu reinigen.

Praktische Tipps zur Umsetzung

KAPITEL 4 – Nachhaltige Kita

Nachhaltige Ernährung einführen

BPA-freie Küche

BPA (Bisphenol A) ist ein gesundheitsschädlicher Weichmacher und oft in Plastik oder Konservendosen enthalten. Es gefährdet die Fortpflanzungsfähigkeit bei Männern und Frauen, fördert u. a. das Entstehen von Diabetes oder Krebs. Laden Sie zu diesem Thema Referent*innen ein, um BPA-haltige Produkte und Lebensmittelverpackungen aus der Kita-Küche und zu Hause zu entfernen sowie gesündere und umweltverträglichere Alternativen einzusetzen, wie z.B.:

- Vorratsdosen aus Glas statt aus Plastik
- auf BPA-freie Produkte zurückgreifen, wenn es sich nicht vermeiden lässt
- Edelstahltrinkflaschen verwenden oder Glas anstatt Plastik
- Butterbrotdosen aus Edelstahl
- Gemüsenetze verwenden, um möglichst verpackungsfrei einzukaufen

Essen

Kinder brauchen eine gesunde, ausgewogene Ernährung, die alle Nährstoffe enthält, die der Körper benötigt, um zu wachsen und sich gut zu entwickeln. Fleisch und Fisch gehören nur bedingt dazu. Da sie oft aus Massentierhaltungen stammen, enthalten sie Medikamente, wie Antibiotika, und weniger positive Nährwerte als angenommen.

Achten Sie daher bei der Auswahl der Essenslieferant*innen auf Bio-Angebote, regionale Küche oder zumindest auf frische Zutaten. Bezahlbar ist das, wenn Sie vegetarische Kost bevorzugen. Es ist unmöglich, den Geschmack aller Kinder und Eltern zu treffen. Versuchen Sie es daher gar nicht und richten Sie Ihren Fokus auf nahrhaftes und gesundes Essen. Nicht immer müssen Sie gleich den*die Anbieter*in wechseln. Oft hilft es bereits, sich mit ihm*ihr über Ihre Vorstellungen abzusprechen und die Gerichte daraufhin anzupassen.

© j.chizhe – Shutterstock.com

Praktische Tipps zur Umsetzung

Getränke

Leitungswasser und Tee zu trinken, spart Geld, ist praktisch und gesund. Außerdem sparen Sie Zeit und müssen nicht mehr mühsam Flaschen schleppen. Tee können Sie ganz einfach selbst herstellen.

1. Tee selbst herstellen

Pflücken Sie Kräuter selbst und sammeln Sie Früchte und Blätter von Beeren. Wenn Sie sie abends kalt ansetzen, haben Sie morgens ein köstliches Getränk. Alternativ kochen Sie morgens Wasser auf und lassen die Kräuter darin ziehen. Heißer Tee muss so lange abkühlen, bis er nur noch angenehm warm ist. Verzichten Sie auf Zucker und andere Süßungsmittel.

2. Leitungswasser trinken

Wenn Sie auf Leitungswasser umsteigen möchten, fragen Sie beim Wasseramt nach, ob die Qualität stimmt. Dort erhalten Sie evtl. sogar einen Nachweis über die enthaltenen Mineralien und Spurenelemente. Wird das Wasser vorübergehend gechlort, füllen Sie abends mehrere Krüge, Flaschen oder Töpfe mit Wasser und lassen Sie sie offen stehen. Bis zum Morgen ist das Chlor verdunstet. Alternativ kochen Sie das Wasser ab und lassen Sie es dann abkühlen. Wer Leitungswasser nicht mag, gibt etwas Zitrone oder ein paar Blätter Zitronenmelisse dazu.

Materialverbrauch im Büro reduzieren

Wer umweltfreundlicher wirtschaften will, muss zunächst überprüfen, was bereits an Material vorhanden ist. Diese Inventur hilft, zu erkennen, was Sie wirklich brauchen und dass Neuanschaffungen meist nicht nötig sind. Falls Sie doch etwas kaufen müssen, wie z. B. Ordner, Mappen oder einen Drucker, achten Sie auf hochwertige Produkte mit Öko-Standards. Drucker gibt es neuerdings mit Nachfülltanks. Weitere Ideen:

1. Eltern fragen oder gebraucht kaufen

Fragen Sie vor dem Kauf immer erst die Eltern, ob jemand Material oder Geräte abgeben möchte. Pappordner dürfen auch gebraucht sein, zur Not kleben Sie eine Kinderzeichnung an und der Ordner sieht wieder wie neu aus, nur schöner. Machen Sie doch ein gemeinsames Projekt mit den Kindern daraus. Schauen Sie sich auf Floh- und Tauschmärkten oder in Sozialkaufhäusern um, ehe Sie etwas Neues kaufen. Hier gibt es für sehr wenig Geld Material, das Sie durch Ihren Kauf vor dem Mülleimer retten.

2. Papier sparen

Drucken Sie Briefe stets zweiseitig aus und lassen Sie Briefumschläge weg, wenn Sie die Briefe den Kindern mitgeben. Falten oder rollen Sie die Post so, dass der Inhalt nicht von außen sichtbar ist, und schreiben Sie die Adresse drauf. Das spart viel Papier. Bevorzugen Sie stets E-Mails, wenn möglich.

3. Schreibgeräte

Auch bei Schreibgeräten können Sie umweltbewusst handeln. Zunächst gilt: Verbrauchen Sie erst das, was da ist, ehe Sie neue kaufen. Gehen Sie behutsam mit ihnen um. Schließen Sie sie z. B., um sie vor dem Austrocknen zu bewahren.
Wenn Bleistifte zu kurz werden, nutzen Sie Verlängerungen. Für Füller gibt es wiederauffüllbare Patronen. Noch besser sind Füller, die Sie, wie früher üblich, mit Tinte aufziehen können. Vermeiden Sie möglichst Kugelschreiber, da sie komplett aus Kunststoff bestehen und dann im Müll landen. Wenn Sie nicht auf sie verzichten möchten, verwenden Sie nachfüllbare Kugelschreiber oder welche mit auswechselbaren Minen. Gleiches gilt auch für Filzstifte. Sie sind zwar auch aus Plastik, halten aber sehr lange, da sie einfach mit Wasser aufgefüllt werden können. Normale Filzstifte werden übrigens meist nicht leer, sondern sie trocknen aus. Es ist also noch Farbe im Filz, aber keine Flüssigkeit mehr, um sie nach außen zu transportieren.

Literatur

Verwendete Literatur und Links

- Angres, V. und Hutter, C.-P.: „Das Verstummen der Natur. Das unheimliche Verschwinden der Insekten, Vögel, Pflanzen – und wie wir es noch aufhalten können". Ludwig-Verlag, München, 2018.

- Bundesamt für Naturschutz (Bfn): „Rote Liste gefährdeter Tiere, Pflanzen und Pilze Deutschlands: Band 3: Wirbellose Tiere, Landwirtschaftsverlag Münster, 2012, abgerufen am 29.7.2020 von www.wildbienen.info/downloads/rote_liste_bienen_fassung_5.pdf

- Deutsches Zentrum für Luft- und Raumfahrt e.V.: „Ameisen (Hymenoptera: Formicidae)", abgerufen am 29.7.2020 von www.rote-liste-zentrum.de/de/Ameisen-Hymenoptera-Formicidae-1702.html

- Global Footprint Network: „About Earth Overshoot Day", abgerufen am 29.7.2020 von www.overshootday.org/about/

- Grüner Strom Label e.V.: „Grüner Strom-Label", abgerufen am 29.7.2020 von www.gruenerstromlabel.de//gruener-strom/

- Helmholtz-Zentrum für Umweltforschung GmbH – UFZ (2019): Das „Globale Assessment" des Weltbiodiversitätsrates IPBES. Die umfassendste Beschreibung des Zustands unserer Ökosysteme und ihrer Artenvielfalt seit 2005 – Chancen für die Zukunft", abgerufen am 29.7.2020 von www.ufz.de/export/data/2/228053_IPBES-Factsheet_2-Auflage.pdf

- Jugendorganisation BUND Naturschutz: „Die Energiewende erklärt", abgerufen am 29.7.2020 von www.jbn.de/kampagnen/energiewende/die-energiewende-erklaert/

- Landesbund für Vogelschutz in Bayern (LBV) e.V.: „Rettet die Bienen", abgerufen am 29.7.2020 von https://volksbegehren-artenvielfalt.de/wp-content/uploads/2019/02/Fragen-und-Antworten-Volksbegehren-zur-Artenvielfalt.pdf

- Presse- und Informationsamt der Bundesregierung: „Energiewende im Überblick", abgerufen am 29.07.2020 von https://www.bundesregierung.de/breg-de/themen/energiewende/energiewende-im-ueberblick-229564

- Schlecht, Alexander: „Hummel-Arten", abgerufen am 29.7.2020 von www.bombus.de/arten.aspx

- Verein für Landschaftspflege & Artenschutz in Bayern e.V. (2017): „Daten und Fakten zum Naturschutz", abgerufen am 29.7.2020 von https://umweltwatchblog.de/daten-und-fakten-zum-naturschutz/

- Wikipedia: „Greta Thunberg", abgerufen am 29.7.2020 von https://de.wikipedia.org/wiki/Greta_Thunberg

Medien, Buch- und Linktipps

Klimawandel

Buchtipps
- Gonstalla, E.: „Das Klimabuch: Alles, was man wissen muss, in 50 Grafiken."
  Oekom Verlag, München 2019

- Scharmacher-Schreiber, K. und Marian, S.: „Wie viel wärmer ist 1 Grad?: Was beim Klimawandel passiert."
  Beltz & Gelberg Verlag, Weinheim 2019

Linktipps
- Flaschen-Thermometer:
  www.labbe.de/zzzebra/index.asp?themaid=543&titelid=5447

- Klima-Kita-Netzwerke:
  www.klima-kita-netzwerk.de

Ökologisches Bewusstsein

Buchtipps
- Peixe Dias, M. A. und Teixeira do Rosario, I.: „Die Natur",
  Beltz & Gelberg Verlag, Weinheim 2019

- Raskin, B.: „Der Wurm, mein bester Freund": Das Kompost-Buch für Familien.
  Haupt Verlag, Bern 2015

Linktipps
- Die Ameise:
  www.biologie-schule.de/ameise-steckbrief.php

- Der Wald:
  www.baumportal.de/baum-alter-bestimmen

App
- Vögel bestimmen:
  www.nabu.de/natur-und-landschaft/natur-erleben/spiele-apps-klingeltoene/vogelwelt.html

Nachhaltigkeit

Buch
- Hutter, C.-P.: „Nachhaltigkeit von klein auf: Mit Kindern aktiv Zukunft gestalten."
  Hirzel Verlag, Stuttgart 2018

- Schubert, S.: „Auf dem Weg. Kinder und Erzieher*innen gestalten Bildung für nachhaltige Entwicklung."
  Verlag das Netz, Kiliansroda 2013

Linktipps
- Mit Poster „Wie lange bleibt Plastik im Meer?":
  www.careelite.de/was-ist-plastik/

- Nachhaltige Entwicklung in der Kita gestalten:
  https://www.kita-fuchs.de/ratgeber-paedagogik/beitrag/bildung-fuer-eine-nachhaltige-entwicklung-in-kitas-gestalten/

Bücher der Autorin aus dem Verlag an der Ruhr
- Krimskrams-Krempel-Bastelspaß
- Upcycling! – Neue Sachen aus alten Klamotten
- Das können wir selbst! – Praktische Do-it-yourself-Ideen für ErzieherInnen